Palestine, terre arabe

Du même auteur :

-La colonisation de la Palestine (1835-1914), Ed. BoD, Paris, 1918 (1ère édition 1917), 228 p.

-La colonisation de l'Orient arabe (1914-1918), Ed. BoD, Paris, 1918, 224 p.

SOMMAIRE

Introduction : (p.**4**)

Chapitre_1 : La Palestine est une terre arabe (p.**7**)

Chapitre_2 : L'importance des rois juifs mise en cause par l'Histoire (p.**17**)

Chapitre_3 : La Palestine sous les Ottomans : société, institutions et infrastructures (p.**26**)

Chapitre_4 : Sionisme chrétien, sionisme juif. L'Europe et la Bible (p.**35**)

Chapitre_5 : Vers le sionisme moderne (p.**45**)

Chapitre_6 : L'importance de l'économie de la Palestine (p.**50**)

Chapitre_7 : Les produits phares de l'économie palestinienne avant son occupation par les juifs (p.**60**)

Chapitre_8 : Conclusion : La question de la Palestine est un problème colonial (p.**69**)

Annexe_1 : A propos du sionisme chrétien (p.**72**)

Annexe_2 : Quelques projets d'implantation de colonies juives en et hors de Palestine (p.**75**)

Annexe_3 : Déconstruire les murs de Jéricho (p.**78**)

Annexe_4 : Quelques données sur la population de la Palestine (p.**88**)

Bibliographie : (p.**90**)

Carte : Les colonies juives en Palestine en 1914 (p.**97**)

Introduction : La Palestine est une terre arabe.

Des études historiques modernes et des découvertes archéologiques récentes cassent de jour en jour et irrévocablement la propagande et les mythes exploités par les juifs pour «justifier» l'occupation de la Palestine.
Les principaux mythes sont :
-le mythe du « droit historique à la terre » ;
-le mythe de la « terre vide » (selon le fameux slogan : « Une terre sans peuple pour un peuple sans terre ») ;
-le mythe de « la nation qui renouvelle l'ancien royaume d'Israël ».

Tous ces mythes sont battus en brèche par d'éminents archéologues, dont des archéologues israéliens de l'université de Tel Aviv[1].

A partir du 16ème S., la « Réforme » milite pour le retour des juifs en Palestine.
Et à partir de la 2ème moitié du 17ème S., l'intérêt européen pour la Palestine se développe dans le cadre d'un effort occidental constant pour installer les juifs en Palestine. C'est le sionisme chrétien.
De nouvelles «Croisades», qui ne disent pas leur nom, se préparent contre l'Empire ottoman dont faisait partie la Palestine.

A la veille de sa colonisation par des juifs venus d'Europe (centrale et orientale), à partir de la première moitié du 19ème S., la Palestine est en plein développement économique et social, contrairement à la propagande juive.
Dans la deuxième moitié du 19ème siècle, les intérêts anglais et les intérêts juifs convergent :

---

[1] - Annexe_3 (p.78) : Déconstruire les murs de Jéricho (une interview de Zeev Herzog au journal israélien Haaretz du 29 oct. 1999).

+L'Angleterre doit occuper la Palestine pour protéger l'Egypte (qu'elle occupe depuis 1882), et la Route des Indes.
Parallèlement, elle appuie la migration des juifs vers la Palestine.
+Les juifs, de leur côté, projettent de créer un « Etat juif » en Palestine.

La convergence du sionisme chrétien avec le sionisme juif aboutit à la «Déclaration Balfour» (1917) qui proclame l'installation en Palestine d'un « Foyer national pour les juifs », et au « Mandat anglais sur la Palestine » (1922), après la chute de l'Empire ottoman.
L'Angleterre jette alors les bases du futur « Etat d'Israël » en Palestine qui verra le jour en 1948.
Et le 19 juillet 2018, le parlement de l'Etat d'Israël vote une loi fondamentale qui fait de cet Etat un « Etat-Nation du peuple juif »[2].

Après le mandat anglais sur la Palestine (1922), des Anglais en visite dans ce pays déclarent, en observant le comportement des Autorités anglaises :
«Nous allons faire de la Palestine une deuxième Irlande».

Les Palestiniens, qui luttent contre la création d'un Etat juif en Palestine, dès la deuxième moitié du 19ème siècle, poursuivent leur résistance jusqu'à nos jours.

La question de la Palestine est un problème colonial.

§§§§§§§

---

2 - L'État d'Israël n'a pas de Constitution formelle, à cause des dissensions entre religieux et laïques.
Les lois fondamentales sont des textes à caractère constitutionnel comme « chapitres d'une future Constitution » !

Des nomades arrivent à Canaan, début du 2ème millénaire avant J.C.
(Canaan correspond à la Palestine et au Sud-Liban d'aujourd'hui)

Chapitre_1 : La Palestine est une terre arabe

1 - Des Cananéens aux Egyptiens, en passant par les Amorites et les Phéniciens
2 - La domination égyptienne de la Palestine
3 - Des nomades arrivent à Canaan au début du deuxième millénaire avant J.C.
4 - Au septième siècle après J.C.

&&&

1 - Des Cananéens aux Egyptiens en passant par les Amorites et les Phéniciens

L'Archéologie témoigne de la présence de l'Homme en Palestine depuis 10.000 ans.
On distingue aujourd'hui, en s'appuyant sur des documents écrits :

a- l'âge du bronze ancien (troisième millénaire avant J.C.) : civilisation urbaine à Canaan (textes d'Ebla)[3].

b- période (2.200-1.900) : arrivée des Nomades.

c- période (1.900-1.500): bronze moyen, nouvelle urbanisation.

d- à partir du milieu du seizième siècle avant J.C. : domination égyptienne.

La région entre le Nil et l'Euphrate, appelée Croissant fertile est de tout temps un lieu de passage et de bras-

---

[3] - Ebla (son nom actuel est Tell-Mardikh en Syrie) est une cité construite en 2.300 avant J.C.
On y découvre en 1975 plus de 14.500 tablettes et fragments de tablettes. La cité est découverte à partir de 1968 par l'archéologue italien Paolo Matthiae. Voir : Aux origines de la Syrie : Ebla retrouvée, par Paolo Matthiae (traduction de Françoise Liffran), Gallimard (imprimé en Italie), 1996, 160 pages.

sage de populations.
Le pays de Canaan, qui s'étend de Saïda (Liban) à Ghazza (Palestine) fait partie du Croissant fertile[4].

Cananéens, Ammonites et Jébuzéens sont trois ethnies parmi sept autres qui habitent la Palestine avant les juifs[5].

Les Cananéens sont les premiers habitants connus de la Palestine. Ce sont des tribus sémites venues de la Presqu'île arabique, il y a 6.000 ans[6].
Les Cananéens baignent, déjà au troisième millénaire avant J.C. dans une civilisation urbaine constituée par des peuples de langues sémitiques de l'Ouest.
La découverte des textes d'Ebla en 1975 atteste de cette civilisation.
Au début du troisième millénaire avant J.C., la cité d'Ougarit (actuellement Ras-Shamra, au nord de la Syrie), est habitée par les Cananéens.

---

4 - Saïda est la cité phénicienne Sidon (à 50 km de l'actuel Beyrouth). L'actuelle Ghazza ou Gaza est appelée «Cadytis» par l'historien grec Hérodote (484 - 425 avant J.C.).
Voir : Hérodote et Thucydide, Œuvres complètes, Paris, Gallimard (La Pléiade), 1964, 1904 p., p. 220.
5 - J.M.N. Jeffries : The reality (sans date, préface de l'auteur signée fin 1938) traduit à l'arabe sous le titre : Filastin ilaykom al haqiqa, par Ahmad Khalil Al-Hadj, Le Caire (Al hay'a al misriya al 'amma li-ta'lif wal-nachr), tome 1 (1971, 313 p.), tome 2 (1972, 257 p.), tome 3 (1973, 187 p.), tome 4 (1973, 205 p.), tome 1, p. 36. Jeffries est un journaliste anglais.
Les sionistes, aidés par des hommes d'État anglais, américains et autres colonialistes, font tout pour empêcher la diffusion de ce livre. Ils en achètent de nombreux exemplaires pour les brûler. Ceci ne suffit pas. Les sionistes se rendent dans des librairies anglaises, américaines et françaises pour dissuader leurs propriétaires de vendre l'ouvrage. Le ministère anglais, quant à lui, il fait pression sur l'auteur pour ne pas éditer le livre (on est en 1939) prétextant qu'il fallait unir les peuples d'Europe, au lieu de mettre à nu les agissements de l'Angleterre en Palestine.
6 - Encyclopédie espagnole "Salvat", citée par Hussein TRIKI, Voici la Palestine, (traduit de l'arabe par Hachemi SEBAÏ, en collaboration avec l'auteur), Tunis, 1972, 333 pages, p. 37.

C'est dans cette cité, découverte à partir de 1929, que l'on a trouvé une tablette comportant le premier alpha bet du monde qui a servi à la construction de tous les alphabets utilisés par l'Homme jusqu'à nos jours.
Les Cananéens connaissaient donc l'écriture alphabétique.
On a trouvé également à Ougarit une tablette représentant la première notation musicale de l'histoire.
Canaan donnera plus tard à l'empire romain, un certain nombre de ses plus grands chefs.
Les Romains appelaient les Cananéens : «les maîtres savants, fils des Dieux»[7].

De son côté, l'écrivain juif américain, Moshé Ménubin, dans son livre «Effritement du Peuple juif», parle des Cananéens comme un groupe humain faisant partie des ancêtres des Palestiniens d'aujourd'hui.
Il dit : «Certains (Cananéens) avaient embrassé le judaïsme, d'autres le christianisme, mais la plupart des habitants de la Palestine se sont convertis à la religion musulmane, et ont formé, à partir du septième siècle après J.C., un peuple arabe uni»[8].

On pense par ailleurs que les Ammonites arrivent eux aussi de la presqu'île arabique au début du troisième millénaire avant J.C., soit 1.500 ans avant les juifs.
Peuple sémite établi à l'est du Jourdain, et dont la capitale était la 'Amman jordanienne d'aujourd'hui, les Ammonites se mélangent avec les gens du pays au point où leur identité propre disparaît de certaines régions[9].
S'agissant des Phéniciens, l'historien grec Hérodote (484 avant J.C. - 425 avant J.C.) dit : «Ces Phéniciens

---

7 - Docteur Ahmed Daoud, «Voici comment l'histoire d'Al-Quds (Jérusalem) est falsifiée par Israël», Al-Moharer, hebdomadaire arabe publié à Paris, 18 sept. 1995.
8 - Voici la Palestine, o.c. p. 37.
9 - The reality, o.c. tome 1, p. 37.

habitaient autrefois sur la mer Erythrée[10], à ce qu'ils disent, et ils allèrent s'installer sur la côte de la Syrie; cette région, de la Syrie jusqu'à l'Egypte, s'appelle la Palestine»[11].
Aujourd'hui le récit d'Hérodote semble confirmé. Les Phéniciens seraient venus de la Presqu'île arabique au cours du troisième millénaire (avant J.C.) : selon les tablettes de Ras-Shamra de nombreuses légendes ancestrales phéniciennes sont localisées dans la région entre la Méditerranée et la mer rouge[12].

Enfin dans Canaan, au 2ème millénaire avant J.C., les Jébuzéens font d'Al-Quds (Jérusalem) leur capitale de 1800 à 1000 avant J.C. Celle-ci se trouvait alors hors des remparts actuels d'Al-Quds.

2 - La domination égyptienne de la Palestine

Cette domination (1550 avant J.C. -- 1190 avant J.C.) est troublée par de nombreuses rebellions.
Le désert et la périphérie des cités-États ne sont pas contrôlés par le Pharaon.
Ceux qui fuient ces cités trouvent refuge parmi les tribus de nomades.
De nombreuses stèles sont dressées par les Pharaons d'Égypte pour marquer leur domination sur les territoires qu'ils occupent[13].

La Palestine profite des relations qu'entretient l'Egy-

---

10 - La Mer Erythrée (Erythareum mare), nom sous lequel les Anciens comprenaient, en autre, le golfe Arabique ou mer Rouge actuelle et le golfe Persique.
11 - Hérodote, o.c. p. 492-493.
12 - René Dussaud, Les découvertes de Ras-Shamra, 1941, 215 pages, p. 79.
Voir aussi : D. Harden, The Phoenicians, Londres, 1962.
13 - Hérodote dit : « Les stèles dressées dans ces régions par le roi Sésostris ont pour la plupart disparu, mais en Syrie de Palestine j'en ai vu quelques-unes encore debout », Hérodote, o.c. p. 182.

pte avec les royaumes d'Assyrie, et de Babylone. C'est l'époque la plus « internationale » de toute l'histoire ancienne avant la période hellénistique. Dans toutes les cours du Proche-Orient circulent les mêmes artisans, les mêmes produits, le même cérémonial. On y utilise la même langue diplomatique et épistolaire : le babylonien.

C'est ainsi que des compositions littéraires de Mésopotamie influencent les littératures des siècles postérieurs en Palestine et ailleurs (l'épopée de Gilgamesh, récit du déluge, mythes divers, etc.)[14].

De nombreux chapitres de la Torah sont d'origine sumérienne ou babylonienne. Ceci est confirmé par le professeur allemand Frederic Dilig[15].

Les Philistins donnent le nom « Filastin » (Palestine) à l'antique terre de Canaan ; les Arabes l'appellent toujours ainsi.

3 - Des nomades arrivent à Canaan au début du deuxième millénaire avant J.C.

Ils empruntent aux Cananéens leur langue, leur écriture et leur culte. Parmi ces nomades, il y a des tribus d'Hébreux. Celles-ci, contrairement à ce que dit la Bible, qui est une source établie au 7ème S. avant J.C., sous le roi Josias (bien après les événements décrits ci-dessus) ne constituent pas d'ethnie distincte avant leur arrivée à Canaan.
Les tribus d'Hébreux se constituent à partir d'ethnies

---

[14] - La Palestine, histoire d'une terre, œuvre collective : Andrea Giardina, Mario Liverani, Biancamaria Scarcia Moretti, Paris, 1990, 222 pages, p. 42. Voir aussi : Jean Bottero, L'Orient ancien et nous, Paris, 1996, 226 pages.
[15] - Voir : Min alwah Sumer ila at-Tawrat (Des tablettes de Sumer à la Torah), Fadel Abd-al-Wahab 'Ali, Bagdad, 1990.

différentes qui composent les migrations nomades.

Alfred GUILLAUME donne l'origine et la signification du mot «hébreu» qui vient de « habirou », rendu en écriture cunéiforme, par « voleur », « pillard ».
Dans les tablettes de Tell-el-Amarna, les «habirou» sont décrits comme des mercenaires.
Le terme «hébreu» englobe des populations non israélites. Ce n'est pas un terme ethnique, mais il signifie: nomades, peuples sans habitat déterminé ou ceux qui traversent les territoires des autres[16].

Voir Annexe_3 (p.78) : **Déconstruire les murs de Jéricho**

Vers 1400 avant J.C., en suivant les Hyksos (tribus nomades)[17], les Hébreux rentrent en Égypte à la recherche de nouveaux pâturages.

Lorsque les Hyksos sont chassés de ce pays, ceux qui, arrivés avec eux, et qui y sont restés, sont traités durement par les Pharaons.

Selon la Bible, les Hébreux, soulevés par Moïse au 13ème S. avant J.C., quittent l'Égypte.

---

16 - Alfred GUILLAUME, Prophétie et Divination, Paris, 1941, 503 pages, p. 98.Tell el Amarna est un site égyptien au nord d'Assiout. C'est le nom arabe d'Akhenaton, capitale du pharaon Aménophis-IV ou Akhenaton (1375-1358). Les tablettes d'argile gravées en caractères cunéiformes découvertes en 1887, éclairent l'histoire et les relations des Etats Orientaux (Babylone, Assyrie, Mitanni) avec l'Egypte au quatorzième siècle avant J.C.
17 - Les Hyksos : Tribus asiatiques venues de l'Est. Ils dominent l'Egypte de 1785 à 1580 avant J.C. Ils fondent un royaume dans le nord du pays et établissent leur capitale à Avaris (Tanis). Ils sont expulsés du delta puis du sud de la Palestine en 1580 avant J.C. par Amosis, fondateur de la 18ème dynastie égyptienne.

Mais on ne trouve aucune trace de cet «exode» dans l'Histoire. Et pourtant, on possède des «rapports de garde-frontières» égyptiens sur des « passages » de populations dès le 19ème S. avant J.C. Le récit biblique est fictif. En effet, comment imaginer l'exode de centaines de milliers d'esclaves franchissant des frontières puissamment gardées.

En quittant l'Égypte, toujours selon la Bible, les Hébreux s'installent en terre de Canaan où se trouvent les Cananéens, les Hittites (autour d'Hébron, qu'ils ont fondé), les Ammonites (autour de 'Amman), les Moabites (à l'est de la Mer morte), les Edomites (au sud-est), etc.
Et ce n'est qu'après la guerre contre les Cananéens, que les Hébreux s'organisent, mais il n'existe aucun document sur leur histoire antérieure au 13ème siècle avant J.C., en dehors de la Bible bien sûr.

Au moment où les Hébreux s'installent à Canaan, et après la chute du royaume de Crète, les Philistins envahissent ce même Canaan (début du douzième siècle avant J.C.).

Les Philistins, une des tribus que les Égyptiens appellent les «Peuples de la mer», se répandent vers 1.200 avant J.C., en Asie Mineure, en Syrie, en Crète, et en Phénicie-Palestine. Ils sont arrêtés aux portes de l'Égypte par Ramsès-III (1198-1168 avant J.C.).

Les Philistins s'installent alors sur le territoire s'étendant de Yâfâ (Jaffa) à Ghazza (Gaza).
Ils adoptent les divinités cananéennes et sont absorbés par le milieu environnant.

Sous la menace et la pression que font peser les Philistins sur les tribus israélites, celles-ci sentent le besoin de s'unir.
Elles choisissent pour la première fois de leur histoire

un roi, Saül, en 1050 avant J.C., en adoptant ainsi un type de gouvernement qui leur est étranger, la royauté cananéenne[18]. Le roi Saül est défait et tué par les Philistins en 1012 avant J.C.

4 - Au septième siècle après J.C.

Les Arabes qui arrivent en Palestine avec l'islam s'intègrent profondément à la population, au point où les Arabes de Palestine d'aujourd'hui ne représentent pas seulement un lignage ou une ethnie qui remonte à la conquête islamique, mais ils sont les descendants des peuples qui vécurent en Palestine avant les juifs.

Ce que nous appelons « Arabes », représentent une vaste et importante ethnie qui s'étend d'Iskandaroun (Alexandrette, au sud de la Turquie) jusqu'à La Mekke et qui comprend plusieurs racines[19].

L'homme de la rue est étonné effectivement d'apprendre que les Arabes sont en Syrie avant les juifs, tellement la propagande des juifs est forte.

Selon le professeur Sir James Freazer, les paysans de Palestine parlant arabe sont les descendants des tribus idolâtres qui vivaient là, avant les juifs. Les conquêtes successives ne les font pas disparaître.
Ce sont les descendants des Jébuzéens et des Ammonites. Ils portent le même nom que leurs frères d'Égypte : «fallahoun» (fellahs). Ils cultivent leur terre en tant que possédants au premier degré et paient des impôts aux conquérants successifs peut-être aux juifs

---

18 - Histoire ancienne d'Israël (La période des Juges), Roland de VAUX, Paris, 1973, 159 pages, p. 84.
19 - J.M.N. Jeffries : The reality (préface de l'auteur signée fin 1938) traduit à l'arabe sous le titre : Filastin ilaykom al- haqiqa, par Ahmad Khalil Al-Hadj, Le Caire (Al hay'a al misriya al 'amma lita'lif wal-nachr), tome 1 (1971, 313 p.), tome 2 (1972, 257 p.), tome 3 (1973, 187 p.), tome 4 (1973, 205 p.), tome 1, p. 35. Jeffries est un journaliste anglais.

également. Sous les Ottomans[20], ces fellahs ont un rapport direct avec le fonctionnaire officiel turc chargé de ramasser l'impôt sur la propriété[21].

Enfin, ni les Arabes, ni les Ottomans n'ont accepté l'installation en Palestine de juifs venant d'Europe (centrale et orientale) pour créer un « Etat juif ».

Fin du Chapitre_1

---

20 - Dynastie musulmane (1299-1923).
21 - Ibid., tome 1, p. 36-37.

La vérité la plus difficile à admettre, pour les juifs, est que le royaume de David et Salomon, décrit dans la Thora comme un royaume important, n'est en définitive qu'un petit royaume de type tribal.

*Haaretz, quotidien israélien du 29 octobre 1999.
**Voir aussi : La Bible dévoilée. Les nouvelles révélations de l'archéologie, d'Israël Finkelstein, professeur à l'université de Tel-Aviv, et Neil Asher Silberman. Traduit de l'anglais par Patrice Ghirardi. Editions Bayard, 2002, 432p.
***Voir également : «Le Monde» (journal parisien) du 7 juin 2002.

Chapitre_2 : L'importance des rois juifs remise en cause par l'Histoire

Vers l'an 1.000 avant J.C., David, à la tête de mercenaires philistins et crétois, profitant d'un équilibre des forces entre Babylone et l'Égypte, parvient à bâtir un royaume. Il est le 2ème roi des Israélites (après Saül). Il fait d'Al-Quds (Jérusalem), situé sur le territoire de la tribu de Juda dont il est issu, la capitale de ce royaume.
Son fils Salomon lui succède. Ils règnent 80 ans à eux deux.

&&&

1- David crée un Etat « multinational »
2- Rares sont les traces laissées par les juifs chez les autres peuples
3- A propos de l'«exil» des juifs de Palestine, après l'arrivée des Romains

&&&

1 - David crée un Etat « multinational »

David crée un Etat «multinational», comprenant des peuples de religions et d'origines différentes.
Les Jébuséens, anciens habitants de Jérusalem, continuent de vivre dans cette ville.
L'aïeule de David, Ruth, est moabite. David a un fils, Salomon, d'une femme Hittite.
Salomon perpétue le caractère «multinational» de l'Etat[22].

---

[22] - David, qui confie le tiers de son armée à un commandant philistin, Ittaï de Gath, et reçoit, en Transjordanie, devant la révolte d'Absalom, des vivres du prince ammonite Sobj, ne cherche nullement à «judaïser» Canaan.
Au contraire, lorsqu'il est en difficulté, il confie ses parents à la garde du roi de Moab.

Ainsi, la seule fois où il y a eu un pouvoir politique local israélite est celle où un Etat tient compte des différentes composantes ethniques et religieuses du pays.

Le royaume de David ne comprend sur le littoral qu'un lieu proche de Juba, l'actuelle Yâfâ (Jaffa).
La région côtière de Palestine (notamment 'Akka ou St-Jean d'Acre et Haïfa au Nord, et Gaza au Sud) n'a jamais fait partie d'un État israélite.
Le sud-ouest de Palestine est occupé par les Philistins.

Le royaume de David et de Salomon s'étend sur 120 miles de long et 60 de large, et moins que cela la plupart du temps, compte tenu des luttes internes entre le nord (Israël) et le sud (Yahouda)[23].(1 mile=1609 m.)

L'historien grec Hérodote (484-425 avant J.C.) ne relate rien à propos des royaumes israélites.
C'est tout simplement parce que ce qu'on appelle royaumes israélites, sont de tout-petits royaumes éphémères.
Par contre, Hérodote signale que « depuis la Phénicie

Voir : Roger Garaudy, L'Affaire Israël, S.P.A.G. Papyrus Éditions, Paris, 1983, 203 pages, p. 43.
23 - J.M.N. Jeffries : The reality (préface de l'auteur signée fin 1938) traduit à l'arabe sous le titre : Filastin ilaykom al haqiqa, par Ahmad Khalil Al-Hadj, Le Caire (Al hay'a al misriya al 'amma li-ta'lif wal-nachr), tome 1 (1971, 313 p.), tome 2 (1972, 257 p.), tome 3 (1973, 187 p.), tome 4 (1973, 205 p.), tome 1, p. 44.
Jeffries est un journaliste anglais.
Les sionistes, aidés par des hommes d'État anglais, américains et autres colonialistes, font tout pour empêcher la diffusion de ce livre. Ils en achètent de nombreux exemplaires pour les brûler. Ceci ne suffit pas. Les sionistes se rendent dans des librairies anglaises, américaines et françaises, pour dissuader leurs propriétaires de vendre l'ouvrage.
Le ministère anglais, quant à lui, fait pression sur l'auteur pour ne pas éditer le livre (on est en 1939) prétextant qu'il fallait unir les peuples d'Europe, au lieu de mettre à nu les agissements de l'Angleterre en Palestine.

(Liban actuel) jusqu'aux frontières de la ville de Cadytis (Gaza), le pays appartient aux Syriens appelés Syriens de Palestine »[24].

A l'époque d'Hérodote Jérusalem est une ville qui n'attire pas l'attention. Et tout lieu cité, dans le livre de Néhémie, contemporain d'Hérodote, comme étant un lieu juif, n'est pas éloigné de Jérusalem de plus de dix miles[25].

De cette partie de l'histoire de la Palestine, depuis Abraham jusqu'à la chute de Jérusalem en 70 après J.C., soit 2.000 ans, on note seulement un siècle de pouvoir politique juif.
Car, en dehors des textes bibliques il n'y a aucune trace des Patriarches Hébreux, du séjour en Égypte, de l'Exode et de la conquête de Canaan, ni dans les textes, ni dans les vestiges.
Le père de Vaux, un chercheur attaché à l'historicité de l'Ancien Testament, confirme cela[26].

2 - Rares sont les traces laissées par les juifs chez les autres peuples

Les rédacteurs de la Bible, qui se basent sur des traditions orales, sont inspirés par les préoccupations politiques de l'époque. On ne retrouve que de rares traces laissées par Israël chez les autres peuples. On retiendra deux exemples :
a- une stèle exaltant vers 1225 avant J.C. les victoires du Pharaon Mernepta. Il y est dit, sans aucune précision, que, s'emparant de villes palestiniennes, le Pha-

---

24 - Hérodote et Thucydide, Œuvres complètes, Paris, Gallimard (La Pléiade), 1964, 1904 p., p. 220.
25 - The reality, o. c. p. 44, tome 1. Néhémie est un fonctionnaire juif dans l'administration du roi perse Artaxerxes Premier (465- 424 avant J.C.). Celui-ci autorisa les juifs à retourner à Jérusalem.
26 - Histoire ancienne d'Israël, Roland de VAUX, Edition Gabalda, 1986, 675 pages, p. 154.

raon a détruit aussi Israël.

b- quatre cents tablettes d'argile, découvertes à partir de 1887 à Tell el Amarna, livrent les archives contenant la correspondance du Pharaon avec les princes vassaux de Palestine et de Syrie.
Aucune trace en elles, d'Israël, mais des informations sur les Cités-Etats de Canaan et leurs rivalités[27].

Par ailleurs, les tablettes d'argile d'Ebla n'entretiennent que des rapports lointains avec la Bible :
« Pas une seule des correspondances annoncées à grand renfort de publicité entre les textes les plus anciens, découverts à Ebla, et certains passages de la Bible n'a pu résister à l'épreuve de la publication des tablettes »[28].

L'histoire des Hébreux est loin de constituer «le centre de l'histoire», comme le prétendent les sionistes, et le nom même de David, ne figure dans aucune source extérieure à la Bible.
Si les sionistes considèrent aujourd'hui le roi David comme leur référence, ils se gardent bien de laisser

---

27 - L'Affaire Israël, o. c. p. 40-41.Tell el Amarna, capitale créée par le Pharaon Amenophis IV, alias Akhnaton (1375-1358).
28 - Ebla (son nom actuel est Tell-Mardikh en Syrie) est une cité construite en 2.300 avant J.C. On y découvre en 1975 plus de 14.500 tablettes et fragments de tablettes.
La cité est découverte à partir de 1968 par l'archéologue italien Paolo Matthiae.
Voir : Aux origines de la Syrie : Ebla retrouvée, par Paolo Matthiae (traduction de Françoise Liffran), Gallimard (imprimé en Italie), 1996, 160 pages, p. 26-27. A la sortie de ce livre, les sionistes ont tenté de lier les découvertes trouvées à Ebla à la Bible. En vain.
D'autres ouvrages traitent de l'histoire ancienne de la Palestine :
+ Albert de Pury, Promesse divine et légende cultuelle dans le cycle de Jacob, Genèse 28 et les traditions patriarcales, Paris, J. Gabalda, 1975, 2 vol., 721 pages.
+ John Van Seters, Abraham in history and tradition, New Haven, London, Yale University press, 1975, 335 pages.
+ Martin Noth, Histoire d'Israël, Ed. Française revue par l'auteur (original allemand), Paris, Payot, 1954, 472 pages.

apparaître la vraie composition et la vraie nature de son pouvoir. Au contraire, les sionistes proclament une Palestine exclusivement juive.

Pour les sionistes, il ne se passe rien en Palestine avant l'arrivée des Hébreux et depuis l'an 70 après J.C. (occupation de la Palestine par les Romains), jusqu'en 1948 (date de la création de l'« État juif »).

Le roi Salomon n'a pas construit de temple à Jérusalem !

Se basant sur des fouilles archéologiques, deux professeurs des Antiquités de l'Université de Tel-Aviv, doutent que le roi Salomon ait construit le «Temple», les remparts et le Palais de Jérusalem, contrairement à ce que dit la Thora[29].

Selon les deux professeurs, Jérusalem n'est, au 10ème S. avant J.C., du temps des rois David et Salomon, qu'une petite bourgade qui n'a l'empreinte de la grande ville décrite dans la Thora, et qu'aucune preuve archéologique ne confirme les dires de la Thora à propos de la construction par Salomon du «Temple» et d'autres édifices.
Ils ajoutent que le livre des Rois est écrit trois siècles après la mort de Salomon.
Salomon était, en réalité, le chef local d'une tribu qui avait un pouvoir limité sur une petite ville nommée Jérusalem[30].

Il se trouve donc de plus en plus confirmé que ce que rapporte la Bible sur les juifs n'a rien à voir avec l'His-

---

29 - En français le Pentateuque. Ce sont les 5 premiers livres de la Bible, constituant le noyau primitif de la littérature biblique.
30 - Al-Quds al-'araby, quotidien arabe édité à Londres, 6 et 7 juin 1998 (citant des sources sionistes).

toire. **Voir Annexe_3 (p.78) : Déconstruire les murs de Jéricho.**
Le professeur Herzog dit que la majorité des juifs ne sont pas prêts à affronter cette réalité et préfèrent l'éviter, car il est difficile de l'accepter.
Il ajoute qu'il est clair, pour tous les chercheurs aujourd'hui, que le peuple juif n'a pas séjourné en Egypte, n'a pas erré dans le désert et n'a pas donné en héritage la Terre Sainte aux Douze Tribus d'Israël, après l'avoir conquise par la force.
Et la vérité la plus difficile à admettre pour les juifs est que le royaume de David et Salomon, décrit dans la Thora comme un royaume important, n'est en définitive qu'un petit royaume de type tribal[31].

De son côté, le leader palestinien Arafat s'adresse lors d'une réunion avec la Secrétaire d'Etat américaine Albright qui n'arrêtait pas d'utiliser le terme « Temple Mount » (Mont du Temple) à la place de « Masjid al-Aqçâ» (Mosquée al-Aqçâ), lui disant que le «Temple Mount» fait partie des récits inventés par les juifs.
Questionnez, dit Arafat à la Secrétaire d'Etat, les gens de «Nâtourî Karta», à propos du prétendu temple de Salomon, ils vous répondront qu'il n'existe pas[32].
Questionnez, ajoute-t-il, le comité «Shu» britannique qui assure que le « Mur des lamentations » est le mur al-Bouraq de la Mosquée al-Aqçâ.

Devant la persistance de la Secrétaire d'Etat à utiliser le terme « Temple Mount », Arafat quitte la salle de réunion[33].

---

31 - Haaretz, quotidien israélien, 29 octobre 1999.
Voir aussi : La Bible dévoilée. Les nouvelles révélations de l'archéologie, par Israël Finkelstein (professeur à l'Université de Tel-Aviv) et Neil Asher Silberman.
Traduit de l'anglais par Patrice Ghirardi, Ed. Bayard, 2002, 432p.
32 - Cette communauté considère que la création d'un Etat juif est une désobéissance au Créateur.
33 - Al-Quds al-'araby, quotidien arabe édité à Londres, 12 septembre 2000.

Enfin, lors d'un congrès relatif à l'histoire ancienne, tenu à Barcelone, on signale qu'on a découvert en Mésopotamie seulement 200.000 tablettes d'argile (contenant des écritures) sur un total estimé à environ 20 millions de tablettes, de quoi révolutionner ce qu'on connaît aujourd'hui de l'histoire ancienne[34].

3 - A propos de «l'exil» des juifs de Palestine, après l'arrivée des Romains

L'ignorance chez beaucoup de gens favorise la propagande juive qui développe l'idée que tous les juifs étaient forcés à l'exil après l'occupation de la Palestine par les Romains en 70 après J.C.
En réalité, les juifs quittaient en grand nombre la Palestine longtemps avant l'arrivée des Romains.
Ils partaient de leur plein gré, soit parce que les conditions de vie devenaient plus difficiles, soit pour améliorer ailleurs leurs conditions de vie. C'était une émigration et non un exil.

Les émigrés juifs aimaient revenir en Palestine en tant que visiteurs mais sans l'intention de s'y installer.
Des écrivains juifs reconnaissent aujourd'hui ce fait. Norman Bentwich dit :
«Les enfants d'Israël se dispersèrent dans les pays de civilisation hellénique, en Perse et à Babylone, en Egypte, à Chypre, dans les îles grecques et les rivages de l'Asie Mineure.
A Alexandrie, ils étaient des centaines de milliers à s'installer dans deux des cinq quartiers de la ville»[35].

Par ailleurs, Léonard Stein dit :
« Au moment de la chute de Jérusalem, la Palestine ne comprenait pas plus qu'une poignée de juifs.
Longtemps avant cette chute de nombreuses commu-

---

34 - El País, quotidien espagnol, 4 avril 2000.
35 - The reality, o.c. tome 1, p. 72-73.

nautés juives prospérèrent en Egypte, à Kayrinika, en Syrie du nord, en Mésopotamie, en Italie et en Grèce. Et la réalité, c'est qu'au début de l'ère chrétienne, il y avait en Palestine 700.000 juifs seulement parmi les 4 millions qui résidaient dans le seul Empire romain »[36].

Donc depuis 2.000 ans, la majorité des juifs vivent hors de Palestine. Ils éprouvent des liens avec la Palestine, mais ne se considèrent pas comme des exilés. Ceux qui restent en Palestine, sont surtout des religieux. Effectivement, les juifs sont réprimés par les Romains et ils subissent le même sort que celui des Arabes de Sichem (près de l'actuelle Naplouse)[37].

Après le règne de l'Empereur romain Hadrien (117-138), les juifs pouvaient revenir en Palestine, mais la plupart d'entre eux préféraient rester là où ils se trouvaient, à Alexandrie ou ailleurs.

Fin du Chapitre_2

---
36 - Ibid.
37 - Sichem, ancienne ville de Canaan. Ses ruines se trouvent à l'est de l'actuelle Naplouse.

Les juifs persécutés en Europe, trouvent facilement refuge dans les différentes provinces de l'empire ottoman.

Chapitre_3 : La Palestine sous les Ottomans : société, institutions et infrastructures

§§§

1 - La Palestine fait partie de l'empire ottoman dès le début du seizième siècle
2 - La société palestinienne sous les Ottomans
3 - Les villes de Palestine
4 - La terre et le fellah palestinien

&&&

1- La Palestine fait partie de l'empire ottoman dès le début du seizième siècle

Othman I (vers1258-vers1325) est le fondateur de la dynastie ottomane. En fondant son empire à la fin du treizième siècle, il donne son nom à la dynastie. Celle-ci compte 37 sultans qui régnèrent sur un vaste empire, jusqu'à la fin de la guerre 1914-1918.
En perdant ses provinces, l'Empire, qui a duré aussi longtemps que celui des Habsbourg (1273-1918), se réduit à la Turquie actuelle dont la République est fondée en 1923, avec Ankara comme capitale.

La Palestine est occupée par les Ottomans en 1516, sous le sultan Salim I (1512-1520). Elle devient une partie de Bilad Ach-Châm (La Grande Syrie).

Dans le dernier quart du 19ème S., la Palestine s'étend alors de Ma'arrat Annu'man à Al-Arich et comprend les sandjaqs (divisions administratives) suivants : Al-Quds, Ghazza (Gaza), Safad, 'Akkâ (St jean d'Acre), Naplouse, 'Ajloune, Al-Lajoune, Al-Kark avec Al-Chûbik[38].

---

[38] - Al-Mawjaz fi ta'rikh ad-duwwal al-islamiyya wa 'u-huduha fi biladina filastin, (Histoire des États islamiques et leurs relations a-

Le sandjaq d'Al-Quds devient indépendant de la wilaya de Damas par un firman (décret) du sultan Abdul-Hamid II daté de 1887. Mais la première référence à l'autonomie d'Al-Quds remonte en réalité à 1874, sous le règne du sultan Abdul-Aziz (1861-1876).

Le sandjaq d'Al-Quds dépend donc depuis 1887 directement du Sultan[39], et son gouverneur a un rang de wali (gouverneur). Ce changement était justifié par l'importance de la ville comme centre religieux et par la nécessité d'empêcher l'immigration juive vers cette ville.
En occupant la Palestine, les Ottomans laissent en place les familles dirigeantes palestiniennes. Un palestinien de Ghazza, Hussein Bacha Makki, est même gouverneur de l'ensemble Bilad Ach-Châm (Grande Syrie) pendant un an (1757)[40].

---

vec la Palestine), par Mustafa Murad ad-Dabbagh, Beyrouth, 2 tomes (1981, 223 p.) et (1982, 175 pages), tome 2, p. 81.
39 - Le sandjaq d'Al-Quds comprend alors les aqdiyat (subdivison administrative) de Yafa, Ghazza, Bir As-Sab' et Al-Khalil), The attitude of the ottoman empire toward the zionist movement 1897-1909, Hassan Ali HALLAK, Beyrouth, 1980 (en arabe), p. 74.
40 - Quelques familles palestiniennes dirigeantes : Famille Tarbay Al-Harithi (gouverneur des régions de Safad et d'Al-Lajoune), Farukh ben Abdel-Allah (gouverneur de Naplouse et d'Al-Quds), Famille Radouane à Ghazza, Qanço al-Ghazzaoui, de la famille al-Ghazzaouyya de Biçan (gouverneur des régions de 'Ajlou-ne et d'Al-Kark).

Voici quelques mutaçarrifs (gouverneurs) d'Al-Quds :
+ Muhammad Agha an-Namr, originaire de Naplouse (1712).
+ Ach-Chaykh Saïd al-Mustafa (1831). Ses descendants à Yâfâ sont connus sous le nom de famille Saïd al-Bik.
+ Ach-Chaykh Qacim al-Ahmad (1833), originaire de la montagne de Naplouse.
+ Mustafa Agha as-Saïd (1836), originaire de Yâfâ.
+ Ra'ouf Bacha (1885). Alors qu'il était gouverneur, l'État ottoman interdit l'immigration juive en Palestine.
+ 'Azzat Bik (1917). Dernier gouverneur d'Al-Quds avant l'occupation de la Palestine par les Anglais. Voir : Al Mawjaz, o.c., tome 2, p. 80-85.

Avant même la chute de l'Empire ottoman, en pleine guerre 1914-1918, les accords secrets franco-anglais (les Accords Sykes-Picot) répartissent entre les deux colonialismes la dépouille de l'Empire, et la Palestine tombe sous la coupe des Anglais.

2 - La société palestinienne sous les Ottomans

En Palestine, sous les Ottomans, on distingue d'une part, l'Armée et l'Administration, réservées en grande majorité aux Turcs, et d'autre part, les paysans, artisans, commerçants, savants, qui sont palestiniens.

Les relations entre les deux groupes de population sont facilitées par leur appartenance à la même religion, les Palestiniens étant en majorité musulmans.
En ce qui concerne les chrétiens palestiniens, la plupart sont orthodoxes. Al-Quds est avec Antioche et A-lexandrie le siège des Patriarches orthodoxes.
Quant aux catholiques, ils ont quitté la Palestine à la fin des Croisades, en 1291.
Les juifs persécutés en Europe trouvent facilement refuge dans les différentes provinces de l'empire ottoman.

L'Empire ottoman est organisé selon le système des «millet» (nation), créé après la conquête en 1453 de Constantinople, devenu Istanbul, par le sultan Mehmet-II (Al-Fatih) (1451-1481).
Il y avait plusieurs « millet » :
turc (musulman), grec (orthodoxe), arménien (grégorien orthodoxe et catholique), juif.
D'autres « millet étranger» sont créés plus tard sous la pression des Européens :
millet catholique (sous la protection de la France), et millet protestant (sous celle de l'Angleterre).

Le sultan Abdul-Majid (1839-1861) instaure l'égalité des sujets ottomans devant la loi, quelle que soit leur « millet ».

Sous le règne du sultan Abdul-Hamid II, après les guerres russo-ottomanes, des Charakiça (Tcherkès) ainsi que des Bosniaques (les Buchnaq) arrivent en Palestine. Ces populations s'arabisent et s'intègrent à la po-pulation palestinienne[41].

C'est sous le sultan Abdul-Hamid II qu'est promulguée la loi sur les Municipalités (1877) (conseil de 6 à 12 membres élus dans chaque ville).
Ainsi, Abd-ar-Rahman Ad-Dajjani est le premier maire d'Al-Quds (Jérusalem), et Wahba Ad-Dabbagh celui de Yâfâ (Jaffa).

Par ailleurs Yuçuf Al-Khalidi Al-Muqaddaçi (originaire d'Al-Quds) fait partie du parlement ottoman qui se réunit pour la première fois en mars 1877. Il siège avec les opposants au Sultan[42].

Soulignons également que de nombreux palestiniens portent les plus hauts titres et distinctions attribués par les Ottomans: Bâlâ, Bâchâ, Agha, Bek[43].

---

41 - Al Mawjaz, o.c. tome 2, p. 94-95.
42 - Ibid, p. 61-63.
43 - a - **Agha** : mot turco-mongol désignant, raïs (chef), chaykh, ou sayyid.
- b - **Bek** (les Turcs prononcent «Bî»).Ce terme s'applique au chef de tribu, à tout homme d'influence, aux enfants des Pachas et à certains hauts fonctionnaires.
- c - **Bâchâ** : titre attribué aux ministres, gouverneurs et officiers supérieurs de l'armée.
- d - **Bâlâ** est un terme perse qui veut dire en arabe : « murtafi' » (élevé). C'est le premier titre officiel ottoman.

On peut citer parmi les Palestiniens qui ont la distinction de Bâchâ: Muça Bacha al-Huseyni (Al-Quds), Hafidh Bacha Abd-al-Hadi (Djenine), Mustafa Bacha al-Khalil (Haïfa).

A deux reprises, la Palestine a vécu une très large autonomie vis-à-vis d'Istanbul :

- d'abord de 1750 à 1775, période pendant laquelle Ad-Dhahir Al-'Umar Al Zaïdany fonde un «Etat» semi indépendant au nord de la Palestine avec pour capitale 'Akkâ (St Jean d'Acre)[44];
- ensuite, dans la période (1775-1804), c'est Ahmad Al-Djazzar qui domine à son tour le nord de la Palestine. C'est sous Ahmad Al-Djazzar que la ville de St Jean d'Acre résiste en 1799, victorieusement, à l'agression de Napoléon I Bonaparte[45].

3 - Les villes de Palestine

a- La renommée de **'Akka** (St Jean d'Acre) baisse après le départ des Croisés en 1291, et ce sont les Ottomans qui lui redonnent vie. Le sultan Suleyman (Soliman le Magnifique (1520-1566) autorise les Français à y établir un comptoir. Ce sera l'un des 7 comptoirs situés sur la côte syrienne.
Le nombre de commerçants français à 'Akka augmente au point qu'ils se font représenter par un consul[46].

La ville est florissante au dix-huitième siècle sous Ad-Dhahir Al-'Umar et Ahmad Al-Djazzar.

Citons également les personnalités palestiniennes qui ont des distinctions dans l'un des trois grades : agha, bek ou bâchâ.
Il s'agit de Huseyn Bacha Makki et Muhammad Bacha Abu Marq (Ghazza), Yuçuf Dhaya' ad-Din Bacha al-Khalidi (Al-Quds), Yuçuf Kâdham Bacha al-Huseyni, Ismaïl al-Huseyni, Ali al-Badiri. Quant à Choukri al-Huseyni, il avait le grade de «Bâlâ», Ibid., p.120-124.
44 - Ad-Dahir al-'Umar al-Zaydani (1690-1775). Au milieu du 18ème siècle, profitant de l'affaiblissement de l'Empire ottoman, il parvient à créer un « Etat » quasi indépendant. Il résiste aux Ottomans, mais il est finalement vaincu et tué en 1775.
45 - Ahmad Al-Djazzar (1720-1804). Il fut commandant de la garnison de 'Akka (St Jean d'Acre). En 1799, il défendit 'Akka (St Jean d'Acre) contre les forces de Napoléon Bonaparte et força celles-ci à se retirer de la Palestine.
46 - Al Mawjaz, o.c. tome 2, p. 104.

Plus tard, la création de la ligne de chemin de fer du Hidjaz (Damas 1900-Médine 1908) détourne les activités de 'Akka vers le port de Yâfâ (Jaffa).

b- Yâfâ (Jaffa) est le port emprunté depuis longtemps par les pèlerins qui se rendent à Al-Quds (Jérusalem). Vers la fin de l'ère ottomane, Yâfâ devient célèbre par l'orange qui porte son nom. La ville commerce beaucoup avec l'Angleterre, l'Italie et l'Allemagne.

c- à la fin du règne d'Abdul-Hamid II (1876-1909), le port de **Haïfa** prend de l'importance lorsque la ville devient une étape du chemin de fer (Damas-Médine). Ce port remplace alors en importance ceux de 'Akka et de Yâfâ.

d- Enfin **Ghazza** ou Gaza est une ville importante du sud de la Palestine.
L'orge constitue la majeure partie des exportations à partir de son port situé à quelques kms de la ville[47].
Après 1905, la région de Ghazza prend de l'importance, lorsque la ville de Bir-as-Sab' devient le «siège du gouvernement des 70.000 bédouins qui habitent la région».
Le gouverneur de Ghazza fait réaliser plusieurs travaux: mosquées, jardins publics, pompes à eau, etc[48].

e-Des routes sont construites reliant Al-Quds, Yâfâ, et Naplouse.
Des forteresses sont implantées par l'Etat entre les villes : Yâfâ, Al-Quds, Al-Khalil et Naplouse, etc., pour protéger les caravanes de marchandises qui arrivent dans des caravansérails. Le plus renommé de ces caravansérails est «Souq al khan» ou (Le khan des principaux commerçants) dans la région de Tibériade.

---

47 - Ibid., p. 106.
48 - «Exportations agricoles de la Palestine méridionale : 1885-1914», Revue d'Études Palestiniennes, Paris, num.20, été 1986, p.49-69, p. 56.

Construit du temps des Mamelouks (Sultans régnant sur l'Egypte et la Syrie de 1390 à 1517), « Souq al khan » est rénové par le grand architecte ottoman Sinan Bacha (1489-1578)[49].

Les sultans Abdul-Majid (1839-1861) et Abdul-Aziz (1861-1876) aménagent à Al-Quds, en 1853 et 1874, la mosquée du Rocher (construite sous le calife omeyyade Abd-Al-Malik ibn Marwân (685-705), et la mosquée d'Al-Aqsa (construite sous le calife de la même dynastie, Al-Walid ibn Abd-Al-Malik (705-715).
Les aménagements apportés à Al-Aqsa sont les plus importants depuis sa construction.

4 - La terre et le fellah palestinien

Dans l'empire ottoman, l'Etat loue des parcelles de terres à des fellahs qui doivent payer au Trésor un impôt annuel.
Des chefs locaux ou des chefs militaires sont chargés de louer la terre et de collecter l'impôt.
Ils gardent une part de cet impôt et envoient le reste à Istanbul[50].

Parmi les familles de Palestine devenus « multazim » (fermier fiscal chargé de collecter l'impôt sur la terre) on peut citer les Tabariyya (terres du Ladjoune), les Zidane (à Safed et à Tibériade), les Mâdîs, les Jarrâz, etc.

Les parcelles de terres sont imposées selon leur production. Mais lorsque l'État se trouve en face de difficultés financières, en particulier à partir de la 2ème

---

49 - Al-Mawjaz, o.c. tome 2, pp. 56 et 103.
50 - La terre louée au fellah a une superficie qui varie entre 60 et 150 dounoums (dounoum = étendue qui peut être labourée en une journée, soit : entre 940 et 1340 mètres carrés selon les endroits de l'empire).

moitié du dix-neuvième siècle, les impôts sont calculés en fonction de ses besoins et non en fonction du rendement de la terre.
De plus, l'Etat demande aux « multazim » de lui faire des avances de fonds.
Il arrive que des « multazim » revendent à d'autres personnes le droit de collecter l'impôt, qui, majoré à chaque vente, devient écrasant pour le fellah. Ainsi, la multiplication des différents niveaux de «multazim» entraîne un appauvrissement du paysan de base palestinien qui est obligé de vendre sa terre, soit aux «multazim», soit aux capitalistes palestiniens, libanais ou syriens.

Ces capitalistes achètent des terres non pour les travailler mais pour spéculer.
C'est ainsi que les terres de Marj ibn-'Amir seront vendues plus tard à des colons juifs[51].

En 1856, les Tanzimat (Réformes) sont décrétées par le sultan Mahmut-II (1808-1839).
La réforme, à travers l'application du «Tabo» (loi sur l'enregistrement des terres) contraint le paysan d'enregistrer sa propriété au nom des « multazim », sinon il lui fallait minorer sa superficie, en cas d'enregistrement en son propre nom, afin d'échapper aux impôts et au service militaire.
Malgré tout, le paysan palestinien reste attaché à sa terre, même s'il est amené à la vendre et à y travailler comme simple ouvrier agricole.
Najib Nassar retrace la situation difficile vécue par les petits paysans palestiniens, exploités par les « multazim »[52].

Fin du Chapitre_3

---

[51] The attitude of the ottoman empire, o. c. p. 77 et 79.
[52] - Najib Nassar, «Al-A'char wal khazina wal ahaly» in Thamarat al-funun, num. 1679, cité dans The attitude of ottoman empire, o.c. p. 80.

La Palestine représente, à partir du 16ème Siècle, un nouvel aspect dans l'imaginaire chrétien. Elle devient une étape dans la lutte contre l'Empire ottoman musulman

Chapitre_4 : Sionisme chrétien et sionisme juif. L'Europe et la Bible.

1 - C'est le sionisme chrétien qui donne naissance au sionisme juif
2 - Inspiration biblique : colons, intellectuels et artistes occidentaux

&&&

1 - C'est le sionisme chrétien qui donne naissance au sionisme juif

(Voir : Annexe_1 (p.72) : A propos du sionisme chrétien).

L'attitude chrétienne contre les juifs, dont l'origine remonte au début du premier siècle, quand les juifs sont accusés par l'Eglise catholique d'avoir tué Jésus, s'intensifie amplement pendant les Croisades, aussi bien en Orient qu'en Occident.

Lors de la première Croisade, à la fin du 11ème S., Godefroy de Bouillon massacre les juifs d'Al-Quds (Jérusalem)[53], et, en Occident, les rois chrétiens bannissent les juifs de leurs royaumes[54].

---

[53] - Godefroy de Bouillon (1058-1100) né en Belgique, dirige la première Croisade. En 1099, il devient roi de Jérusalem. La ville sera libérée par Saladin en 1187.
Il y a eu 8 Croisades en tout, la dernière se termine en 1270, avec la mort à Tunis de Saint Louis, roi de France.
Le centre de l'autorité chrétienne, situé à l'origine à Jérusalem, est transféré à Rome, à la fin du 6ème S. par le pape Grégoire Premier, dit le Grand (590-604).
[54] - Il s'agit d'Edouard Premier, en Angleterre, fin du 13ème S., de Philippe le Bel, en France, début du 14ème S. et des Rois Catholiques, en Espagne, fin du 15ème S.
Les rois français : Dagobert Premier, Philippe Auguste, Philippe le Bel, Philippe le Long et Charles VI chassent les juifs de France.
Ceux-ci sont bannis pour la dernière fois en 1615, sous Louis XIII.
Voir : Essai sur la régénération, physique, morale et politique des

Mais, avec la Réforme[55] et la Renaissance[56], l'attitude des chrétiens vis à vis des juifs change complètement.

Au seizième siècle, une partie des chrétiens abandonnent l'église catholique symbolisée par Rome et la Papauté, et créent une Eglise réformée (protestante). L'attitude de la Réforme, envers la Palestine, est une mise à jour de l'esprit des Croisades du Moyen Âge.

La Réforme milite pour le retour des juifs en Palestine. La Palestine représente alors, à partir du 16ème S., un nouvel aspect dans l'imaginaire chrétien. Elle devient une terre juive dans la pensée de l'Europe protestante, et les juifs sont perçus comme des étrangers en Europe et qui retourneront chez eux, le moment venu.

En effet, les protestants ne considèrent pas, contrairement aux catholiques, l'Ancien Testament (la Bible des juifs) comme une simple allégorie. Ils prennent ce texte sacré à la lettre, en particulier, le point qui nous intéresse dans cette étude : le retour des juifs en Palestine. Ce retour doit précéder celui du Christ et la reconstruction du Royaume de Dieu.

C'est cette idée qui est au centre de ce que l'on appelle le sionisme chrétien.

Vers la fin du dix-neuvième siècle, juifs religieux et non religieux se liguent dans le but de créer un « Etat juif », exclusivement juif, en Palestine : c'est la doctrine du sionisme juif.

---

juifs, 1977, Paris, 378 pages, p.17-18. Essai publié en 1789 par l'abbé Grégoire (1750-1831), curé du diocèse de Metz.
L'abbé, qui défend la cause des juifs en France, soutient les idées de la Révolution françaises.
55 - La Réforme, débutée au XVI e siècle, est pour le retour aux sources du christianisme.
56 - « La Renaissance est une période de l'époque moderne associée à la redécouverte de la littérature, de la philosophie et des sciences de l'Antiquité ».

Le sionisme juif est né au sein de l'idéologie colonialiste européenne, dont le concept principal est l'occupation de «terres vides», c'est à dire des terres, dont l'existence des populations autochtones est tout simplement niée.

Le sionisme s'appuie, pour justifier l'occupation de la Palestine sur l'histoire ancienne de cette terre, à partir des seules sources bibliques.

En plus de l'argument de la «terre vide», le sionisme développe des arguments religieux, tels l'« Alliance avec Dieu », la « Promesse divine », le «Peuple élu », pour justifier cette occupation.
Les sionistes considèrent que la Palestine n'appartient qu'aux juifs, et que les peuples qui ont foulé cette terre avant eux, en même temps qu'eux, et après eux n'existent pas.
Ils nient toute civilisation antérieure à l'an 1000 avant J.C. en Palestine.

Voici comment s'expriment des dirigeants sionistes au jourd'hui :

- Moshé DAYAN, ministre israélien : « Si l'on possède la Bible, si l'on se considère comme le peuple de la Bible, on devrait posséder également les terres bibliques, celles des Juges et des Patriarches, de Jérusalem, d'Hébron, de Jéricho, et d'autres lieux encore » (août 1967).

- Golda MEIR, Première ministre israélienne : « Ce pays existe comme l'accomplissement d'une promesse, faite par Dieu lui-même.
Il serait ridicule de lui demander des comptes sur sa légitimité » (octobre 1971).

- Et enfin, BEGIN, Premier ministre israélien : « Cette terre nous a été promise et nous avons un droit sur elle » (décembre 1978)[57].

Si les dirigeants sionistes s'expriment ainsi publiquement, en se basant sur des mythes, c'est qu'ils bénéficient de très forts soutiens des Etats occidentaux et de la majorité des intellectuels de ces Etats, en particulier les historiens qui réconfortent les dirigeants sionistes, au moins par leur silence.

2- Inspiration biblique : colons, intellectuels et artistes occidentaux

A travers le protestantisme, l'esprit hébraïque pénètre dans les arts et la littérature de nombreux pays européens.

On s'intéresse alors, en Europe, à l'étude de la langue hébraïque qui devient, chez l'élite, un élément culturel important.

Les puritains anglais (protestants intégristes) qui émigrent au dix-septième siècle en Amérique, donnent à leurs colonies des noms bibliques (Bethleem, Yahuda, Jérusalem, etc.).
Ils s'identifient aux Hébreux de la Bible : ils échappent à la servitude de Pharaon (Jacques I d'Angleterre), en s'enfuyant de l'Egypte (l'Angleterre) pour arriver dans le nouveau Canaan (l'Amérique)[58].

Les protestants français qui défendent «la renaissance d'Israël dans les colonies françaises», constituent également avec les Hollandais, la plupart des colons

---

[57] - Roger Garaudy, L'Affaire Israël, S.P.A.G. Papyrus Éditions, Paris, 1983, 203 pages, p. 85. L'auteur a subi à la parution de ce livre des poursuites judiciaires, sur plainte des sionistes français.
L'auteur a gagné le procès.
[58] - Canaan est le pays des Cananéens, premiers habitants de la Palestine.

d'Afrique du Sud (témoins ces noms de Sud-Africains: Dutoit, Duplessis, Marais, etc.)[59].

Des écrivains parsèment leurs œuvres de références bibliques et de positions politiques allant dans le sens d'un retour des juifs en Palestine.

-a- Au 17ème S., classicisme et puritanisme

De grands artistes s'inspirent de l'Ancien Testament, comme le peintre hollandais Rembrandt (1609-1669), ou le compositeur de l'opéra «Nabuchodonosor», en référence à Nabuchodonosor II, roi de Babylone (605 avant J.C.-562 avant J.C.), qui occupe Jérusalem en 597 avant J.C.

John Milton (1608-1674), l'un des auteurs anglais les plus considérés de son temps, demande à ce que l'hébreu fasse partie du programme des collèges secondaires anglais[60].

Le 17ème S. littéraire anglais est marqué par John Milton[61]. La source la plus importante de son livre le «Paradis perdu» est la Bible.
Le «Paradis perdu» influence les anglais William Blake, Byron, l'allemand Klopstock, etc.[62].

---

59 - «Deux colonialismes de peuplement», in Revue Solidarité Internationale, num. 10, mai 1988, p. 4-8. Numéro spécial : Palestine, de la colonisation à la révolte des pierres. C'est une revue de la Ligue Anti Impérialiste : 68, rue de la Caserne, Bruxelles (1000).
60 - «Le sionisme non juif : ses racines dans l'histoire de l'Occident», Al-Yom Assabeh, hebdomadaire arabe, édité à Paris, 20 janvier 1986.
C'est un compte-rendu du livre de l'allemande Regina Acharif, traduit de l'allemand à l'arabe par Abdallah Abdalaziz et édité au Koweït.
61 - J. Milton: **a** - Paradis perdu (1ère édition 1667). Ed. bilingue, Paris, 2 tomes, 1971, 293 pages et 318 pages. **b** - Paradis reconquis (Paradise regained), Paris, 1955, 270 pages (1ère édition 1671).
62 - William Blake (1757-1827), Byron (1788-1824), Friedrich Gottlieb Klopstock (1724-1803).

Par contre, l'ouvrage est dénigré par Voltaire au dix-huitième siècle, ce siècle n'étant pas «assez chrétien» en France[63].

Dans le «Paradis reconquis», dans un dialogue entre Satan et le Messie, Milton fait dire au Messie :
«la supériorité de l'héritage hébraïque sur l'héritage de la Grèce et de Rome»[64].

A la fin de ses jours, John Milton «renie les splendeurs intellectuelles et artistiques de la Renaissance pour se cantonner dans la poésie morale et moralisante de la Bible»[65].

En France, Jean Racine, l'un des principaux hommes de lettres du dix-septième siècle, s'inspire dans son œuvre de récits bibliques, en particulier, dans les tragédies «Esther» (1689) et «Athalie» (1691). Racine est qualifié de «poète biblique»[66].

Isaac de la Peyrere (exégète biblique, 1596-1676) publie «Le rappel des juifs», réédité plus tard sous Napoléon. Il préconise dans son ouvrage le retour des juifs en Palestine.

-b- <u>Au dix-huitième siècle, Lumières pour qui</u> ?

Au dix-huitième siècle, chez Jean-Jacques Rousseau (1712-1778) apparaît indirectement la nécessité d'un Etat pour les juifs.
En effet, l'intolérance de l'Eglise fait que les pensées véritables des juifs ne sont pas connues. «Je ne croirai jamais, écrit Rousseau, avoir bien entendu les raisons des juifs qu'ils n'aient un État libre, des écoles, des universités où ils puissent parler et disputer sans ris-

---

63 - Paradis perdu, o. c. tome 1, p. 47.
64 - Paradis reconquis, o. c. p. 225-229 (vers 286-364).
65 - Paradis perdu, o. c. tome 1, p. 49.
66 - J. Lichtenstein, Racine, poète biblique, Paris, 1934, 250 p.

ques. Alors seulement nous pourrons savoir ce qu'ils ont à dire»[67]. Aujourd'hui nous savons ce qu'ils ont à dire !

Le savant anglais Isaac Newton (1642-1727) se déclare pour un retour dans leur patrie des juifs éparpillés[68].

En Allemagne, Lessing (1729-1781) développe les idées, qui nous intéressent ici, dans la pièce de théâtre «Nathan le sage». Il reproche au christianisme d'annexer Dieu. Il existe dit-il :
«une religion du Christ» antérieure à la religion chrétienne anthropomorphique[69].

A la fin du 18ème S. et au début du 19ème S., toujours en Allemagne, Fichte (1762--1814), pense que pour résoudre la question juive, «il n'y a pas d'autres solutions que de récupérer pour eux (les juifs) leur Terre Sainte, et de les y envoyer tous»[70].

-c- <u>Au dix-neuvième siècle, le romantisme</u>

Le romantisme aussi manifeste son admiration pour la communauté juive.

---

67 - J.J. Rousseau, Émile ou de l'éducation, édition, introduction et notes par François et Pierre Richard, Paris, 1939 (première édition 1762), livre IV, p. 374-375.
68 - «Observation sur les prophéties de Daniel et les rêves de Saint Jean», in «Le sionisme non juif : ses racines», o.c.
69 - Lessing (Karl Gotthelf Ephraïm), né en 1729 d'une lignée de pasteurs. Devient franc-maçon en 1771 et meurt en 1781.
«Nathan le Sage», pièce de théâtre, édition bilingue, trad. de «Nathan der Weise», Paris, 1939, 307 pages, introduction du traducteur Robert Pitrou. Une adaptation de la pièce a été jouée en Turquie sous le titre «Sage vieillard juif».
70 - La Palestine, Roger Garaudy, Paris, 1986, 397 pages, p. 115. Fichte (Johann-Gottlieb), philosophe allemand. Etudes de théologie. Il écrit sur le nationalisme allemand, le patriotisme, etc. Influencé par Lessing. Voir : Fichte, par Didier JULIA, Paris, 1964, 107 pages.

Le poète et graveur anglais William Blake (1757----1827) étudie l'hébreu et multiplie dans son œuvre les références bibliques.
En opposition avec le «Siècle des Lumières» français, Blake reproche aux écrivains français leur inspiration gréco-latine. Dans un poème il dit :
« Titus ! Constantin ! Charlemagne !
O Voltaire ! Rousseau ! Gibbon ! Vaines
sont vos moqueries grecques et votre épée romaine
Contre cette image de son Seigneur »[71].

En Angleterre, le poète Byron introduit des personnages bibliques dans plusieurs de ses pièces où différents moments de l'histoire des juifs sont repris sous une forme moderne[72].

D'autres romanciers anglais, Walter Scott[73], George Eliot[74], écrivent sur le même sujet.

Le romantisme français prend en compte le « Paradis perdu » de J.Milton. Plusieurs écrivains s'en inspirent:
-Chateaubriand dans « Le Génie du christianisme » (1802) et « Les Martyrs » (1809). Il traduit le «Paradis perdu» en français en 1836.
-Lamartine dans «La chute d'un ange» (1838).
-Alfred de Vigny dans «Eloa» (1827) et «La colère de Samson» (1839).
- On retrouve également l'inspiration du «Paradis per-

---

[71] - William Blake, Œuvres, 4 tomes, édition bilingue, présentation et traduction par Pierre Leyris (le tome 4, par Jacques Blondel), 1974 (313p.), 1977 (349 p.), 1980 (427 p.), 1983 (604 p.), tome 2, p. 121.
[72] - «Caïn», mystère en 3 actes, in Œuvres complètes de lord Byron, trad. par M. Benjamin Laroche, 3ème éd., Paris, 1838, 799 pages, p. 516-539.
«Le ciel et la terre», mystère, Ibid., p. 431-442.
«Mélodies Hébreues», Ibid., p. 246-251.
Lord Byron participe à la guerre des Grecs contre les Turcs et meurt en Grèce en pleine guerre en 1824.
[73] - Walter Scott, poète et écrivain écossais (1771-1832).
[74] - George Eliot, romancière britannique (1819-1880).

du» chez Victor Hugo, dans certaines parties de «La légende des siècles», et dans 2 poèmes posthumes, «La fin de Satan» (1884) et «Dieu» (1891)[75].

Fin du Chapitre_4

---

[75] - Paradis perdu, o.c. tome 1, p. 48-49.

Les Anglais prennent prétexte de la défense des juifs, qu'ils poussent à émigrer en Palestine, pour faire pression sur les Ottomans.

Chapitre_5 : Vers le sionisme moderne

1 - Impérialisme anglais et sionisme chrétien
2 - Napoléon, premier sioniste moderne non juif

§§§

1 - Impérialisme anglais et sionisme chrétien

Voir Annexe_2 (p.75) : Quelques projets d'implantation de colonies juives, en et hors de Palestine

Au début du dix-neuvième siècle, l'Angleterre connait un mouvement de prédiction de l'Évangile identique à celui du puritanisme du dix-septième siècle.
C'est à partir de ce moment-là, que prend forme l'association entre impérialisme anglais et sionisme chrétien, association qui va se fondre dans la politique coloniale britannique au Moyen Orient (dominé par les Ottomans), et en particulier en Palestine.

L'Europe vit dans le romantisme qui porte une certaine admiration pour tout ce qui est hébraïque. Parmi les non-juifs circule la conviction que les juifs forment un peuple qui vit, momentanément, parmi les autres peuples, mais que le retour dans son ancienne patrie, la Palestine, est une nécessité.

Des hommes de religion servent eux aussi le mouvement sioniste. Mais l'idée de l'Angleterre d'utiliser les juifs en les installant en Palestine, pour servir ses intérêts en Orient, est déjà politiquement avancée.

Le père William Hischler s'occupe dans les années 1880 du sort des juifs de l'Europe de l'Est ; il recueille pour eux de l'argent et les aide à s'installer en colonies en Palestine sous la protection des Anglais.
Hischler est membre de la « London Society for pro-

moting Christianity amongst the Jews» (promotion du christianisme parmi les juifs).
Lors de son séjour à Londres, Hischler publie le livret : « Le retour des juifs en Palestine selon les écrits des prophètes », dans lequel il réaffirme le droit des juifs à retourner en Palestine, terre donnée par Dieu à Abraham et à ses descendants.

Hischler souhaite que l'Allemagne et l'Angleterre construisent un mouvement sioniste.
Il fait la connaissance de Guillaume II (qui deviendra empereur d'Allemagne en 1888) et de Theodor Herzl (1860-1904), le chef du mouvement sioniste juif.
Hischler envoie une lettre au Duc de Bade attirant son attention sur le livre de Herzl «Der Judenstaat» (L'État juif), paru en 1896, qu'il résume ainsi : « l'État juif est une nécessité mondiale»[76].

En Amérique, William Blakston est l'un des sionistes non juifs les plus illustres.
Son livre « Jesus arrive » (1878), traduit en 48 langues, dont l'hébreu, est vendu à un million d'exemplaires (à cette époque)[77].

2 - Napoléon, premier sioniste moderne non juif

En France, la question juive au 19ème S. s'intègre dans ce qu'on appelle la Question d'Orient.

En 1799, Napoléon I Bonaparte, lors de son aventure coloniale en Orient, appelle les Juifs d'Afrique et d'Asie

---

[76] - The attitude of the ottoman empire toward the zionist movement 1897-1909, Hassan Ali HALLAK, Beyrouth, 1980 (en arabe), p. 66-67.
[77] - Voir : «Le sionisme non juif : ses racines dans l'histoire de l'Occident», Al-Yom Assabeh, hebdomadaire arabe, édité à Paris, 20 janvier 1986. C'est un compte-rendu du livre de l'allemande Regina Acharif, livre traduit de l'allemand à l'arabe par Abdallah Abdalaziz et édité au Koweït.

à combattre sous sa bannière pour la reconstruction de l'ancien « Royaume de Jérusalem ».

Napoléon est le premier homme d'État à demander la création d'un État juif en Palestine, 118 ans avant la Déclaration Balfour. Et, Chaïm Weizmann, le premier président de l'État sioniste, qualifie Napoléon de «premier sioniste moderne non juif».

Ernest Laharan, membre du Secrétariat de Napoléon III, est le leader des sionistes non juifs en France au dix-neuvième siècle.
En 1860, dans son livre « La question d'Orient, les Arabes et la renaissance de la nation juive », il appelle à l'établissement d'un état juif en Palestine[78].

En 1897, des juifs se réunissent en congrès à Bâle en Suisse pour créer le mouvement sioniste juif moderne.

L'Angleterre, dont le sionisme chrétien, à travers les puritains, est le plus militant en Europe, a su transformer la doctrine sioniste juive à son profit. Les juifs se mettent volontiers sous la coupe des colonialistes anglais, car ils savent que, seuls, ils ne peuvent pas occuper la Palestine.

La Palestine, grâce à sa position géographique importante (protection de la route des Indes), a toujours été pour l'Angleterre un territoire à coloniser.
Les Anglais prennent prétexte de la défense des juifs, qu'ils poussent à émigrer en Palestine pour faire pression sur les Ottomans.
C'est ainsi qu'Arthur Balfour, ministre et ancien premier ministre anglais, à travers la déclaration qui porte son nom, annonce en 1917, l'installation en Palesti-

---

78 - Ibid.

ne d'« un foyer national pour les Juifs ». Et en 1918, le président des USA, Wilson, élevé dans la tradition protestante, écrit au rabbin Stephen Wise (lettre du 31 août 1918) pour lui confirmer son acceptation de la Déclaration Balfour en se fondant sur la mythologie sioniste.

Tous les présidents américains qui succèderont à Wilson partageront avec lui cette conviction.
Jimmy Carter n'a-t-il pas dit en 1978 que l'établissement de la nation d'Israël est l'accomplissement de la prophétie biblique?

Fin du Chapitre_5

L'activité économique est développée en Palestine bien avant 1882 :

+Haïm Gerber pense que «les bases d'un Etat et d'une économie moderne sont en train de se constituer en Palestine dès avant la première guerre mondiale, et les immigrants juifs européens ne jouent là qu'un rôle tout à fait mineur».
Source : Haïm Gerber, professeur émérite (Université Hébraïque de Jérusalem), étudie les Archives ottomanes locales devenues Archives de l'Etat sioniste, Ottoman Rule in Jerusalem 1890-1914, Berlin, 1985.

+La participation des colonies juives et allemandes à l'agriculture palestinienne est limitée, elle se borne à l'exportation de vin et de cognac, ce qui équivaut à l'exportation des pastèques depuis Yâfâ (Jaffa).
Source : «Exportations agricoles de la Palestine méridionale: 1885-1914 », Revue d'Études Palestiniennes, Paris, num. 20, été 1986, p.49-69.

Chapitre_6 : L'importance de l'économie de la Palestine

1 - L'importance de l'économie de la Palestine
2- La Palestine entre dans le système d'échange international
3 - Formation de la Palestine moderne au 19ème siècle. Une entité palestinienne perceptible[79]

§§§

1 - L'importance de l'économie de la Palestine

L'économie de la Palestine a toujours été dépréciée par la propagande juive, dans le but d'accréditer l'idée d'une Palestine « déserte », avant l'arrivée des colons juifs à la fin du 19ème siècle.

La réalité est tout autre. La Palestine, par sa position géographique, est de tous temps un cœur commercial important.
Les ports ('Akka, Yâfâ et Haïfa), les villes de l'intérieur (Gaza, Ar-Ramla) et les marchés périodiques (Tartoura, El-Lidd, Uyun at-Tujjâr) sont des noyaux commerciaux importants.

Les relations commerciales avec la Palestine empruntent les réseaux des voies maritimes et des routes des caravanes qui passent par ce pays.

Le pèlerinage aussi est une ressource économique importante pour la Palestine.
En effet, les caravanes de pèlerins, aussi bien musulmans que chrétiens, favorisent le commerce entre les villes palestiniennes.

---

[79] - L'identité palestinienne, la construction d'une conscience nationale moderne, Rashid Khalidi, La Fabrique éditions, Paris, 402 pages, (traduit de l'anglais par Joëlle Marelli).

La Palestine produit beaucoup de richesses et ses produits sont appréciés et exportés. Ceci est observé par de nombreux historiens et voyageurs.

Déjà, au 10ème S., le géographe palestinien Al-Muqaddaçi (originaire d'Al-Quds) souligne l'importance des produits palestiniens (huile d'olive, coton, raisin, canne à sucre, tissus de soie et de coton, savon, etc.)[80].

Plus tard, un voyageur arabe relève les rendements élevés de l'orge et du blé[81].

Au 17ème siècle, le chevalier Laurent d'Arvieux dit, concernant la Palestine, que le « paysage était verdoyant » et que la terre était en général bien travaillée, ainsi que les montagnes arides d'Al-Quds et d'Al-Khalil (Hébron)[82].

S'agissant de l'agriculture, le chevalier d'Arvieux dit que dans la deuxième moitié du dix-septième siècle, l'on plante l'olivier, le figuier, et la vigne[83]. On cultive le froment, le coton, on ramasse l'alcali.
Les bédouins élèvent moutons, chèvres, chameaux,

---

[80] - Ahsan at-taqaçim fi ma'rifati al-aqalim (Les meilleures différences dans la connaissance des régions), Chamch-ad-Din Al-Muqaddaçi, Leiden, 1877, 498 pages, p. 180.
[81] - The attitude of the ottoman empire toward the zionist movement 1897-1909, Hassan Ali HALLAK, Beyrouth, 1980 (en arabe), p. 82. Selon : Athar Jabal Al-Khalil (Tourisme en Palestine et dans quelques villes syriennes), tome 1, p. 55-56, Manuscrit numéro 4919 de la bibliothèque Adh-Dhahiriyya de Damas (en arabe).
[82] - In «Les activités économiques en Palestine dans la septième décade du dix-septième siècle, d'après les Mémoires du chevalier d'Arvieux» par Leïla SABBAGH, professeur à la faculté de lettres, département Histoire (Damas), Revue d'Histoire Maghrébine, 1983, Tunis, numéros 29-30, p. 18.
Le chevalier Laurent d'Arvieux (marseillais) (1635 -- 1702). Voyageur et diplomate français. Il avait de l'animosité contre la religion musulmane et les Turcs.
[83] - Ibid, p. 18. La fabrication du vin est pratiquée surtout par des non musulmans.

bœufs et chevaux.

Quant à la pêche, elle prospère sur la côte méridionale (près de Césarée et de Gaza) et sur la côte du lac de Tibériade.

Enfin, l'industrie de la 2ème moitié du dix-septième siècle comprend la minoterie, la boulangerie, la fabrication du vin et du raisin sec, l'accommodation des olives, la filature et le tissage du coton, de la laine, du poil de chameau et de chèvre, et la manufacture de verre coloré à Al-Khalil (Hébron).

Le chevalier d'Arvieux ne parle pas de décadence de l'économie palestinienne, il loue la simple structure des moulins à eau et qualifie la filature d'excellente[84].

Vers les années 1660, le commerce se faisait déjà avec la France.
Les commerçants français résidant en Palestine, à Akka (St Jean d'Acre) et Ar-Ramla achètent le coton en laine, le coton filé, l'alcali, les toiles d'El-Lidd et d'Al-Quds, le séné de la Mekke, le café, le riz, etc. et les exportent vers la France (en particulier vers Marseille et Lyon).

«Les marchands français gagnaient des sommes considérables»[85].

Au dix-huitième siècle, l'agriculture est prospère sous Ad-Dhahir Al-'Umar al-Zaydani et Ahmad Al-Djazzar[86] C'est une période de semi-indépendance de la Palestine vis à vis d'Istanbul (1750-1804).

---

84 - Ibid.
85 «Les activités économiques en Palestine dans la septième décade du dix-septième siècle d'après les Mémoires du chevalier d'Arvieux», o.c. p. 17-20.
86 - Voir Chapitre_3, paragraphe 2.

Le coton devenant un élément essentiel de la révolution industrielle, la Palestine se consacre davantage à sa production. Celle-ci atteint des chiffres sans précédent dans les années 1790.
En Palestine, le coton est la base de la fortune de la famille Zaydani, qui connait son apogée avec le gouverneur Ad-Dhahir Al-'Umar Al-Zaydani.

'Akka (St Jean d'Acre) devient le siège principal du pouvoir pour les régions sud et ouest de la Syrie jusqu'en 1840[87].

Lorsque les Egyptiens annexent la Palestine au 19ème siècle[88], ils plantent plusieurs espèces d'arbres, d'arbustes et de plantes herbacées (ormes, frênes, oliviers, caféiers, lin, etc.). Ils plantent à 'Akka et ses environs, près de 15.000 plants divers[89].

Au 19ème S., des Anglais, dont des militaires de haut rang, témoignent de l'importance de la production agricole de la Palestine[90].

Enfin Laurence Oliphant, personnalité juive, est lui-même impressionné, une fois en Palestine, par les richesses du pays. Il décrit en particulier «Marj sahl ibn 'âmir» comme un lac vert où ondule son blé autour de villages, pareils à des îles[91].

§§§

---

[87] - Al Mawjaz fi ta'rikh ad-duwwal al-islamiyya wa 'uhuduha fi biladina filastin, (Histoire des États islamiques et leurs relations avec la Palestine), par Mustafa Murad ad-Dabbagh, Beyrouth, deux tomes (1981, 223 pages) et (1982, 175 pages), tome 2, p.98.
[88] - Sous le sultan ottoman Mahmut-II (1808-1839), Muhammad Ali Bacha, gouverneur d'Égypte, conquiert la Syrie (donc la Palestine) et arrive jusqu'aux portes d'Istanbul. Mais la Russie et l'Angleterre l'empêchent de réaliser ses victoires.
Son pouvoir se limitera alors à l'Égypte.
[89] - Ibid, p. 97.
[90] - The attitude of ottoman empire, o.c. p. 81.
[91] - Ibid. Laurence Oliphant séjourne en Palestine en 1879.

2- La Palestine entre dans le système d'échange international

Au 16ème siècle, le sultan ottoman Suleyman (Soliman le Magnifique : 1520-1566) concède à l'Europe des «Imtiyazat» (Capitulations) : concessions ou privilèges d'extra-territorialité).

Par ce moyen, l'Europe prend la direction du commerce international de l'Empire ottoman.
Ces Capitulations stipulent que les Ottomans ne doivent pas prélever de taxe supérieure à 2% sur les importations européennes.
Celle-ci passe à 10 puis 11% au vingtième siècle.
Ainsi, l'empire ottoman se trouve entravé dans son développement par une faible protection douanière[92].

La lutte d'influence pour «pénétrer» l'empire ottoman est à l'origine de la guerre de Crimée (1854-1855).
C'est une guerre entre, d'une part l'Empire ottoman, l'Angleterre et la France, et d'autre part la Russie qui perd cette guerre[93].

Comme les autres parties de l'Empire, la Palestine entre dans le système d'échange économique à grande échelle, dès le seizième siècle (production de matières premières et marché ouvert aux biens manufacturés et aux investissements).

Pendant les 16ème, 17ème et 18ème siècles, des cargaisons de coton et de céréales quittent les ports de Syrie (dont la Palestine).

---

92 - Ibid, p. 50-51 et 53.
93 - C'est la guerre la plus importante entre grandes puissances, entre 1815 (Congrès de Vienne) et la première guerre mondiale.
Prémices : En 1843, le siège du patriarche orthodoxe (pro-russe) qui se trouve jusqu'à cette date à Istanbul est transféré à Al-Quds (Jérusalem). En réaction, la France et la Papauté décident en 1847 de transférer également à Al-Quds le siège du patriarche latin qui se trouvait à Rome depuis des siècles.

Ces exportations sont organisées par des Européens résidant dans la région et protégés par les Capitulations[94].

3 - Formation de la Palestine moderne au 19ème siècle. Une entité palestinienne perceptible[95]

En ce qui concerne les productions, agricole et non agricole, elles sont en expansion, au moins 2 générations avant l'arrivée des premiers colons juifs venus d'Europe (centrale et orientale), contrairement à la propagande juive[96].
Les écrits sur ce sujet sont nombreux[97].
Alexander Schölch situe la naissance de l'économie moderne palestinienne dans la période (1856-1882), qui suit la première période (1839-1856) des «Tanzi-

---

94 - «Exportations agricoles de la Palestine méridionale : 1885-1914 », Revue d'Études Palestiniennes, Paris, num. 20, été 1986, (p.49-69), p. 50-51 et 53. Selon Marwan and Leïla Buheiry, The Splendour of the Holy Land, New-York, Caravan Books, 1978.
95 - L'identité palestinienne, la construction d'une conscience nationale moderne, Rashid Khalidi, La Fabrique éditions, Paris, 402 pages, (traduit de l'anglais par Joëlle Marelli).
96 - « Exportations agricoles de la Palestine méridionale : 1885-1914 », o.c. p. 52.
97 - Voici quelques références sur l'économie de la Palestine :
+ Vital Cuinet, Syrie, Liban et Palestine, Paris, E. Leroux, 1896.
+ Noël Verney et Georges Dambmann, Les puissances étrangères dans le Levant et en Palestine, Paris, Guillaumin, 1900.
+ Hanna Salah, Filastin wa tajdid hayatiha (Palestine moderne), New-York, The Palestine anti-Zionism Society, 1919.
+ Nabil Badran, « Al-Rif al Filastini qabla al Harb al 'Alamiya al-awla » (La campagne palestinienne avant la 1ère guerre mondiale), Shu'un Filastiniya, mars 1972.
+ Alexander Schölch, Palästina im Umbruch, 1856-1882, Stutgart, 1986.
En français, il existe une note de lecture de l'ouvrage de Schölch : « Le développement économique de la Palestine, 1856-1882 », in Revue d'Etudes Palestiniennes, Paris, n°10, hiver 1984, p. 93-113. L'ouvrage d'Alexander Schölch est traduit en anglais sous le titre : Palestine in transformation 1856-1882, traduit de l'allemand par William C. Young et Michael C. Gerrity, Institut for Palestine Studies, Washington, D.C., 1993, 351 pages.

mat» (Réformes).
Les sources utilisées par l'auteur allemand pour développer ses thèses sont les rapports commerciaux des consuls anglais, allemands, autrichiens et français en poste à Al-Quds (Jérusalem)[98].

On assiste en Palestine pendant la période 1856-1882 à une augmentation des exportations des principaux produits agricoles, à une différenciation de ces exportations selon la demande des marchés extérieurs et à l'extension des surfaces cultivées et des plantations nouvelles d'oliviers et d'orangers[99].

L'économie palestinienne devient une partie de l'économie mondiale, et le prix à payer pour son entrée dans cette économie est la destruction de son artisanat tout au long du dix-neuvième siècle[100].
En effet la Palestine est un marché facile pour les produits de l'industrie occidentale.
Par exemple, dès 1830, la région exporte du coton brut et importe en plus grande quantité des cotonnades bon marché[101].

Le boom économique palestinien n'est pas limité aux villes touchées, directement, par le commerce avec l'Europe. Il y a aussi des transformations de la tenue de la terre, grâce à la loi sur l'enregistrement des terres.

Au dix-neuvième siècle, la Palestine, comme les autres provinces ottomanes, profite du développement économique général grâce aux Tanzimats (Réformes).

---

98 - «Le développement économique de la Palestine, 1856-1882», o.c. p. 93-113.
99 - Exemple : moyenne des exportations annuelles (en piastres turques) : de 1857 à 1863 = 16,5 millions ; de 1873 à 1882 = 32 millions, Ibid, p.103 et 105.
100 - Al Mawjaz, o.c. tome 2, p. 99-102.
101 - «Exportations agricoles de la Palestine méridionale : 1885-1914», o.c. p. 62.

Et la création du Sandjaq d'Al-Quds en 1874 renforce l'idée d'une entité palestinienne, perceptible chez les populations de la région ainsi que chez les Européens. (Sandjaq = division administrative).

La population autochtone passe entre 1856 et 1882 de 350.000 à 470.000 personnes[102].
Pendant la même période, la Palestine produit un surplus agricole commercialisé vers l'Egypte, le Liban et l'Europe. Par son exportation, et une faible importation, elle contribue à l'équilibre global de la balance commerciale syrienne.

En effet, la valeur des importations représente 33 à 40% des exportations selon les années et les pays.

Les produits exportés sont dirigés vers :
la France (sésame, huile d'olive, céréales), l'Egypte (savon, huile d'olive, fruits et légumes), l'Angleterre (millet, blé, orge), le reste de la Syrie, l'Asie Mineure, la Grèce, l'Italie (blé), Malte, Liban (orge).
Les produits exportés restent pratiquement les mêmes durant la période 1856-1882)[103].

Les principales importations sont :
le riz (en provenance d'Italie et d'Egypte), le sucre (de France), le café (d'Arabie et d'Amérique du Sud), les cotonnades (d'Angleterre et de Suisse), le drap (de Suisse et d'Allemagne), la quincaillerie (d'Allemagne, d'Angleterre, d'Autriche et de France) et le bois (d'Asie Mineure)[104].

Ainsi, la réforme agraire (1858) et le développement, sous le sultan Abdul-Hamid-II (1876-1919), d'institu-

---

102 - Note de lecture de Linda SCHICHER, Revue d'Etudes Palestiniennes, Paris, n° 28, été 1988, p. 192-194.
103 - «Le développement économique de la Palestine, 1856-1882», o.c. p. 95-96.
104 - Ibid., p. 110-112.

tions modernes (organismes locaux élus, municipalités) permettent à la Palestine de s'intégrer dans l'économie moderne.

Haïm Gerber pense que «les bases d'un Etat et d'une économie moderne sont en train de se constituer en Palestine dès avant la première guerre mondiale, et les immigrants juifs européens ne jouent là qu'un rôle tout à fait mineur»[105].

La participation des colonies juives et allemandes à l'agriculture palestinienne est limitée, elle se borne à l'exportation de vin et de cognac, ce qui équivaut à la valeur de l'exportation des pastèques depuis Yâfâ[106].

Fin du Chapitre_6

---

105 - Haïm Gerber étudie les Archives ottomanes locales devenues Archives de l'Etat sioniste, Note de Lecture de James A. Reilly de George Town University : Ottoman Rule in Jerusalem, 1890-1914, Berlin, 1985, 261 pages, in Revue d'Études Palestiniennes, Paris, num. 22, hiver 1987, pages 109-111, p. 109.
106 - «Exportations agricoles de la Palestine méridionale : 1885-1914», o. c. p. 65.

L'orange, le coton, l'olive, le sésame, l'orge, le blé palestiniens sont exportés en grandes quantité vers les autres provinces ottomanes, l'Europe et même l'Amérique et l'Afrique du Sud.
Et ceci bien avant la colonisation de la Palestine par les juifs venus d'Europe centrale et orientale.

Chapitre_7 : Les produits phares de l'économie palestinienne avant son occupation par les juifs

§§§

1 - L'orange, le coton
2 - L'orge, le sésame
3 - Les olives, le blé

&&&

1 - L'orange, le coton

En 1873, il y a 420 orangeraies dans la région de Yâfâ (Jaffa) qui produisent annuellement 33,3 millions d'oranges, dont un sixième est consommé en Palestine, et le reste est exporté vers l'Egypte, l'Asie mineure et l'Europe (France, Allemagne, Autriche, Russie).

La récolte de 1880 s'élève à 36 millions d'oranges.

Dans son rapport pour l'année 1880, l'agent consulaire britannique remarque que les orangeraies sont considérées comme le meilleur des investissements, avec un revenu correspondant à 10% du capital investi[107].

L'orange de Palestine est renommée partout dans le monde, de l'Australie à la Floride, en passant par Le Cap[108].

---

107 - Alexander Schölch : «Le développement économique de la Palestine, 1856-1882», in Revue d'Etudes Palestiniennes num. 10, hiver 1984, p. 93-113, p.104.
L'ouvrage d'Alexander Schölch est traduit en anglais sous le titre : Palestine in transformation 1856-1882, traduit de l'allemand par William C. Young et Michael C. Gerrity, Institut for Palestine Studies, Washington, D.C., 1993, 351 pages.
108 - En 1893, l'agent consulaire anglais Amzallak de Jaffa rapporte: « L'attention a été attirée, au Cap et en Australie sur la qualité supérieure des fruits (les oranges), et ces colonies trouveraient

Grâce à ce fruit, Yâfâ (Jaffa) devient la ville de la côte syrienne la plus importante après Beyrouth[109].

En 1905, Yâfâ exporte 456.000 caisses d'oranges. Ce chiffre augmente progressivement pour atteindre, en 1913, plus de 1,3 millions de caisses[110].

L'activité de l'orange est bien organisée[111].
Dans le commerce de ce fruit, la Grande Bretagne oc-

---

peut-être avantage à encourager la plantation et la culture de jeunes arbres apportées de Jaffa ».
Dans un rapport de 1886, le consul américain à Jérusalem explique pourquoi les planteurs de Floride feraient bien d'adopter la technique palestinienne de greffe de l'oranger sur le citronnier, «Exportations agricoles de la Palestine méridionale, 1885-1914», Revue d'Études Palestiniennes, Paris, num.20, été 1986, p.49-69, p.63.
109 - Des rapports du gouvernement turc sont traduits en anglais et imprimés dans : Foreing office Miscellaneous Series (num. 300, 1893) sous le titre : Report on Irrigation and Orange Growing at Jaffa (Rapport sur l'irrigation et la culture des oranges à Jaffa).
Étude due à G. Franghia : irrigation, dépenses, dessins de jardin, etc., prix courants, conditionnement, transport. L'auteur ajoutait : «La culture des oranges en Syrie est entièrement assurée par les indigènes...Grâce au commerce des agrumes Jaffa est maintenant au deuxième rang des villes syriennes de la côte après Beyrouth», Ibid., p. 65-66.
110 - Ibid., p. 60-67.
111 - « Les propriétaires d'orangeraies ont coutume de vendre le produit longtemps avant sa maturité à des spéculateurs qui leur épargnent tout souci et toute responsabilité ».
« Le cultivateur est payé environ 3 francs par caisse (2 shillings et 2 pences) ; la mise en caisse revient à environ 1,5 franc (1 shilling et 2 pences) ; le transport, à 1 shilling et 3 pences par caisse. Tout ce qui est au-delà de 4 shillings et 9 demi-pences par caisse rendue à Liverpol représente le profit du spéculateur ».
«La création d'une orangeraie de 100 dounoums (10 hectares environ) avec 6.000 plants nécessitait un investissement considérable en 1907 :
+ 800 livres sterling pour l'achat de la terre (8 livres par dounoum)
+ 950 livres sterling pour creuser un puits de 18 mètres, pompe, réservoir, canaux.
+ 500 livres sterling pour plants, haies, main d'œuvre, engrais.
L'investissement total pour la première année est de 2.250 livres. L'investissement pour une orangeraie était en fait de 4.500 livres sterling», Ibid., p. 67.

cupe de loin la première place. 90% des exportations totales entre 1885 et 1900 se font vers ce pays. Ceci est dû au transport régulier et direct des oranges de Yâfâ à Liverpool et aux avances que font les négociants anglais aux planteurs et aux spéculateurs palestiniens.

« Une firme bien connue de Glascow a ouvert une agence dans ce port (Jaffa) pour organiser les expéditions d'oranges vers Glascow, et les chargeurs semblent satisfaits de ce nouveau marché »[112].

Mais vers 1910 l'exportation des oranges vers l'Angleterre ne représentera plus que 50% des exportations totales des oranges. Car le marché britannique préférait alors des oranges de petite taille (144 oranges par caisse), contrairement à la Russie et l'Autriche, qui préféraient, quant à elles, des fruits plus gros (96 oranges par caisse)[113].

Le coton

Dans les années 1830, la production annuelle du coton de Palestine est de 2.200 tonnes environ, dont les trois quarts sont exportés, en particulier vers la France et l'Angleterre[114].

Pendant et après la guerre de Sécession aux Etats-Unis (1861-1865), la quantité de coton demandée par

---

112 - En 1891, le consul Dickson consigne des informations sur les activités exportatrices de l'orange :
«La firme Houghton & Co de Londres envoie chaque année un agent à Jaffa qui choisit soigneusement et expédie à Londres la plus belle récolte de l'année...L'exportation des oranges vers le Royaume-Uni a récemment augmenté, et l'automne dernier, une ligne régulière britannique s'est créée qui a pour objet le transport maritime direct des oranges jusqu'à Liverpol.
«La firme Goodyear & Co envoie en moyenne un bateau tous les dix jours à partir du début de la récolte ; chaque bateau transporte de 15.000 à 20.000 caisses par voyage...commerce lucratif pour les compagnies maritimes». Ibid., p. 66.
113 - Ibid, p. 57.
114 - Ibid, p. 54.

l'Angleterre augmente. En 1863, les Palestiniens triplent la surface ensemencée en coton.
Ce produit reprend alors sa place au premier rang des exportations[115].

Au début du vingtième siècle, les rapports annuels des consuls européens enregistrent un renouveau d'intérêt pour le coton palestinien[116].
Dès 1906, les hommes d'affaires britanniques et les colons juifs apprécient la richesse potentielle que représente le coton palestinien.

Cette richesse est l'un des points retenus dans le partage économique de l'Orient arabe, après la première guerre mondiale, entre les colonialistes français et anglais[117].

2 - L'orge, le sésame

L'orge, très demandé par les brasseries d'Angleterre, d'Écosse et d'Allemagne, est produit surtout dans la région de Gaza : 40.000 tonnes par an pendant la période 1890-1900, soit les trois quarts de l'exportation totale de la Palestine.

La valeur moyenne annuelle des exportations d'orge de Gaza vers l'Angleterre représente 180.000 livres sterling, soit presque le double de la valeur totale des

---

115 - Le développement économique de la Palestine, 1856-1882, o. c. p. 98.
116 - Le consul Dickinson écrit une brève histoire de la culture du coton en Palestine (expériences, utilisation des charrues à moteur et des tracteurs dès 1910), «Exportations agricoles de la Palestine méridionale : 1885-1914», o. c. p. 54, selon la revue Levant Trade Review de 1912.
117 - «En 1912, des tentatives britanniques de culture du coton eurent lieu dans différentes régions de Palestine, y compris à Jaffa. «La terre y coûte 15% de moins qu'en Egypte. L'adoption de machines à cueillir le coton, récemment inventées en Amérique, permettrait de résoudre le problème du coût de la main d'œuvre», Ibid.

exportations d'oranges de Yâfâ (Jaffa)[118]. Les exportations d'orge sont évaluées entre 200 mille et 250 mille livres sterling par an, jusqu'en 1907.

Selon un rapport consulaire, en 1907, l'orge est entassé en amas sur la plage de Gaza au point de servir de repère pour les capitaines de navire.

En 1908, 38.000 tonnes d'orge sont exportées, dont une grande partie est destinée à Liverpool pour la préparation du foin[119].

Le sésame

Au seizième siècle, Fra Francisco Suriano qui vit longtemps en Palestine dit:
«Ils (les Palestiniens) ont à profusion des arbustes qui produisent du coton, et d'autres arbustes qui produisent une graine dont ils font une huile appelée sésame meilleure à la cuisson que l'huile d'olive ou même que le beurre. Et de cela, ils produisent en telles quantités qu'ils fournissent à toute la Syrie et à l'Egypte»[120].

Le niveau de production de la graine de sésame reste élevé pendant plusieurs siècles.

On lit dans un rapport consulaire anglais de 1911 que « Les régions de Haïfa et Yâfâ (Jaffa) sont les plus grosses productrices de graine de sésame de la Syrie, et une récolte moyenne permet l'exportation de 9.000 à 14.000 tonnes ». « Les qualités de cette graine sont

---

118 - Les exportations des oranges de Yâfâ représentent 97.000 livres sterlings en moyenne par an de 1901 à 1905, «Exportations agricoles de la Palestine méridionale : 1885-1914», o.c. p. 55-56.
119 - Al Mawjaz fi ta'rikh ad-duwwal al-islamiyya wa 'uhuduha fi biladina filastin, (Histoire des États islamiques et leurs relations avec la Palestine), par Mustafa Murad ad-Dabbagh, Beyrouth, deux tomes (1981, 223 pages) et (1982, 175 pages), 2ème tome, p.106.
120 - «Exportations agricoles de la Palestine méridionale : 1885-1914», o.c. p. 52-53.

connues, surtout en Orient, elle fournit une grande quantité d'huile »[121].
Le sésame est employé aussi dans l'industrie marseillaise de l'huile et du savon.

Dans les meilleures années, 1889-1897, les exportations de sésame à partir de Yâfâ représentent une valeur de 50.000 à 110.000 livres sterling, autant que les exportations d'oranges.

Au début du vingtième siècle, les exportations de sésame déclinent brusquement, au profit de celles des oranges[122].

3 - Les olives, le blé

Au dix-huitième siècle, des commerçants palestiniens, dont le commerce du savon est la principale activité au Caire, sont concentrés dans «le Caravansérail du savon du Caire» (Wakalat as-sabun).
Le caravansérail sert à la fois d'entrepôt de marchandises, de résidence pour les négociants et de centre pour la corporation de métier qui les regroupe.

Fakhr-ad-Din, riche négociant en savon originaire de Naplouse, fait construire, en 1727, une « sabil » (fontaine) dans le Caravansérail du savon du Caire[123].

La fabrication du savon se fait en particulier à Naplouse (Palestine).

Dans la période 1885-1905, la valeur totale des exportations d'huile d'olive et de savon depuis Yâfâ est

---

121 - Ibid, p. 53. Selon : Report upon the condition and Prospects of British Trade in Syria (1911).
122 - Ibid, p. 54.
123 - «Négociants du savon palestiniens au Caire au dix-huitième siècle», Revue d'Études Palestiniennes, Paris, num. 36, Été 1990, p. 57-66, p. 64-65.

légèrement supérieure à celle des exportations d'oranges.

Selon des estimations consulaires européennes, la Palestine dans son ensemble produit plus de 40% d'huile d'olive de plus que la région du Mont Liban, celle de Beyrouth et celle de Tripoli mises ensemble[124].

En 1904, il y avait 15 fabriques produisant jusqu'à 1.000 tonnes de savon. Pendant la guerre 1914-1918, le nombre de ces fabriques atteint 25, avec une production de 2.640 tonnes[125].

De nos jours, les sionistes arrachent des dizaines de milliers d'oliviers, symboles de l'agriculture palestinienne.

Le blé

Le blé a joué autrefois un rôle considérable dans les échanges commerciaux avec l'Europe.

Selon l'historien de l'économie marseillaise, Paul Masson, le blé importé depuis les ports syriens, en particulier du port de 'Akka en Palestine (St-Jean d'Acre), sauva la France de la famine à plusieurs reprises au cours des dix-septième et dix-huitième siècles.
Paul Masson cite un voyageur français, Fermanel, ayant vécu à 'Akka en 1630, qui affirme que 32 bateaux attendaient leur chargement de blé[126].

Malgré des fluctuations, et une chute massive après 1880, l'exportation de blé depuis Yâfâ reste importante, en particulier, vers l'Italie, où la qualité du blé dur

---

124 - «Exportations agricoles de la Palestine méridionale : 1885-1914», o.c. p. 57.
125 - Al Mawjaz, o.c. second tome, p. 101.
126 - «Exportations agricoles de la Palestine méridionale : 1885-1914», o. c. p. 54-55.

palestinien est appréciée dans l'industrie des pâtes a-
limentaires[127].

En 1880, les exportations de blé de Yâfâ, 'Akka et Haïfa s'élevaient à 850.000 kîl (1 kîl = 36 litres)[128].

Fin du Chapitre_7

---

127 - Ibid, p. 55.
128 - Encyclopédie palestinienne (en arabe), tome 1 : études démographiques et socio-économiques, Beyrouth, première édition,
1990, p. 568.

Plus d'un siècle de résistance palestinienne, ainsi que des études historiques et des découvertes archéologiques récentes cassent de jour en jour et irrévocablement la propagande et les mythes utilisés par les sionistes pour «justifier» l'occupation de la Palestine.

Chapitre_8 : Conclusion : La question de la Palestine est un problème colonial.

La dernière période d'implantation arabe qui s'étend sur plus de 14 siècles, depuis l'avènement de l'islam, est une preuve supplémentaire de l'arabité de la Palestine.
Un tel droit ne saurait être remis en cause nulle part ailleurs dans le monde.

Plus d'un siècle de résistance palestinienne, ainsi que des études historiques et des découvertes archéologiques récentes cassent de jour en jour et irrévocablement la propagande et les mythes utilisés par les juifs pour « justifier » l'occupation de la Palestine.

Après 70 ans de fouilles archéologiques en Palestine, les chercheurs israéliens eux-mêmes n'arrivent pas à vérifier les mythes décrits dans la Bible.
Zeev Herzog, professeur d'archéologie à l'Université de Tel-Aviv, dit que la majorité des juifs ne sont pas prêts à affronter cette réalité et préfèrent l'éviter, car il est difficile de l'accepter[129].
Car cette réalité est que la Palestine est une terre arabe.
Récemment, deux archéologues israéliens (Israël Finkelstein et Neil Asher Silberman contestent, comme le font Zeev Herzog et l'écrivain Ilan Pappe, l'historicité des textes bibliques.

Pour les deux archéologues, les récits bibliques comme ceux des patriarches (Abraham, Isaac, Jacob), de

---

129 - Zeev Herzog est né en 1941 en Israel.
Voir son interview donnée au journal israélien Haaretz du 29 oct. 1999, dans l'Annexe_3 (p.78) : Déconstruire les murs de Jéricho.
Voir également : Ilan Pappe, Ten Myths About Israël (Dix mythes sur Israël), Verso, Londres, 2017, 212 p. Présentation et résumé du livre par Samir Nassif (en arabe), Alquds Al-Araby (quotidien édité à Londres), 07 juillet 2018.

la sortie d'Egypte du peuple juif et la conquête de Canaan ne sont que des légendes compilées au septième siècle avant J.C.[130].

Nos deux archéologues, dans une interview au journal français «Le Monde», déclarent :

«L'archéologie prouve que les événements rapportés dans les 5 grands premiers Livres (Pentateuque) n'ont pas eu lieu comme le dit la Bible[131].

Fin du Chapitre_8

---

130 - La Bible dévoilée. Les nouvelles révélations de l'archéologie, par Israël Finkelstein (professeur à l'Université de Tel-Aviv) et Neil Asher Silberman, Bayard Editions, 2002, 432 p. (Traduit de l'anglais par Patrice Ghirard).
131 - « Le Monde » (journal parisien) du 7 juin 2002.

Objectif du sionisme chrétien :
Installer les juifs et créer un Etat pour eux. Cet Etat sera protégé et au service de l'Etat protecteur.

Annexe_1 : A propos du sionisme chrétien

Source : « Al-Mancha' al Urubbi lis-sahyuniyya wa marahil tahwidiha » (L'origine européenne du sionisme et les étapes de sa judaïsation), Umar Kylani, Al-Hayat (quotidien arabe édité à Londres) du 25/12/2003.

Le sionisme chrétien est né en Europe de l'Ouest.

Objectif du sionisme chrétien:
Installer les juifs et créer un Etat pour eux. Cet Etat sera protégé et au service de l'Etat protecteur.

A-Quelques appels européens à l'émigration des juifs européens en Palestine : 17-19èmes siècles

1-En 1622, Henry Finish, Premier conseiller en droit d'Angleterre, publie une étude dans laquelle il appelle au retour du « Royaume de la nation juive ».
2-En 1649, deux anglais chrétiens envoient de Hollande un appel au gouvernement britannique lui demandant que « le peuple d'Angleterre soit le premier à transporter les enfants d'Israël, sur ses bateaux anglais, à la terre promise, leur héritage éternel ».
3-Au Danemark, Hulger Bouly, pousse les souverains européens à une nouvelle Croisade, pour libérer la Palestine et Jérusalem, et l'installation des juifs qui en sont les légitimes héritiers. En 1696, il présente à William III un projet détaillé d'occupation de la Palestine.
4-En 1818, le président américain John Adams appelle au retour des juifs en Palestine, et à l'établissement d'un Etat indépendant pour eux.
5-En 1839, le ministre des Affaires étrangères anglais envoie des instructions à son consul à Al-Quds (Jérusalem), pour offrir la protection anglaise aux juifs.
6-Au Congrès des Etats européens de Londres (1840), Lord Safestbury adresse au ministre anglais des Affaires étrangères, Palmerston, un projet qui porte le titre « Une terre sans peuple pour un peuple sans terre » pour le retour des juifs en Palestine et la création d'un Etat juif.
7-En 1844, le parlement anglais crée la commission:«le retour de la nation juive en Palestine », et, la même année, l'« Association britannique et étrangère pour le retour des juifs en Palestine » est créée à Londres. Son président, le

prêtre Karibas, demande au gouvernement britannique de faire en sorte de coloniser toute la Palestine, de l'Euphrate au Nil et de la Méditerranée au Sahara.

8-En 1845, Edward Mitford, un des supporters de Palmerston, ministre des Affaires étrangères, envoie un message au gouvernement britannique dans lequel il demande le retour « à n'importe quel prix » des juifs en Palestine et la création d'un Etat qui leur soit propre.

9-Fin des années 1860, les Allemands commencent à installer des colonies en Palestine, sous la direction de l'« Association allemande du Temple », créée au 17ème S., comme étant un mouvement réformateur dans l'Eglise évangélique allemande.

10-En 1887, une organisation « Mission hébraïque niyyabar 'an Israël », créée à Chicago, appelle les juifs à émigrer en Palestine. Cette organisation existe toujours, sous le nom «az-zamaala américaine chrétienne».

B- Quelques ouvrages en faveur du retour des juifs en Palestine :

Les appels en faveur du retour des juifs en Palestine sont appuyés sur des activités culturelles et de recherche portant sur la Palestine (Publications d'ouvrages d'histoire, de géographie, etc.) et la création du « Fonds pour la découverte de la Palestine ».

Parmi les livres les plus importants, on peut citer :

1- « Jésus est né juif » (1523), Martin Luther[132]. L'auteur y expose des positions en faveur les juifs. Mais après avoir désespéré de les convertir au christianisme, grâce à la Réforme, il est désabusé. Il publie :

2- « Des juifs et de leurs mensonges » (1543), M. Luther.

3- « Histoire des juifs en Palestine » (1852), Linghourth. L'auteur demande la création d'un Etat juif en Palestine pour la protection de la route des Indes.

4- «Jésus arrive» (1878), William Blakston, un des plus importants sionistes non-juifs en Amérique.

5- «La terre de Jalaad» (1880), Lawrence Oliphant. Lawrence Oliphant appelle à l'expulsion des Palestiniens de Palestine.

---

132 - « Martin Luther (1483-1546), allemand, réformateur de l'Église dont les idées exercèrent une grande influence sur la Réforme protestante.

6- «Le retour des juifs en Palestine, selon ce qui est dit dans le Livre des Prophètes» (1884), William Heshler. Cet ouvrage contient une immense carte de la Palestine que Theodor Herzl décrit comme une carte militaire « intrigante ».
William Heshler, un pasteur protestant anglais, était ami et conseiller de Théodor Herzl.
William Heshler propose à Théodor Herzl les frontières suivantes pour l'Etat juif :
Au Nord : jusqu'au Cappadoce (à l'est de l'Asie Mineure) ;
Au Sud : jusqu'au Canal de Suez ;
A l'Est : jusqu'aux frontières de l'Iraq.
7- « Premier document américain en faveur de la restauration de la Palestine aux Juifs » (1891), publié par un chrétien et présenté au Président des États-Unis, Benjamin Harrison.
8- « Le guide de Palestine » (1905), Davies Tritsh.

§§§

Annexe_2 : Quelques projets d'implantation de colonies juives, en et hors de Palestine

Le nombre de projets d'installation de juifs s'élèvent à plus d'une vingtaine, y compris le projet Palestine.

1- « Projet Nuniza Fonseca » pour une implantation à Curaçao (1625). Le projet est adopté par le parlement hollandais.
Des juifs sont installés à Surinam dans un cadre identique.
2-La « Compagnie des Indes Occidentales » (française) accorde l'autorisation à David Naçaci pour une implantation à Cayenne (1659).
3-En 1790 un écrivain polonais propose l'installation de juifs en Ukraine (qui dépendait alors de la Pologne).
4-Fin du 18ème siècle, proposition de création d'un Etat juif en Amérique de l'Ouest (Arkansas ou Oregon). Proposition en 1797 du juif américain, Manvel Noé, de créer un Etat juif symbolique (Ararat) dans l'île de la Grande Islande près de Buffalo.
5-Projet de Bonaparte de créer un Etat juif, lors de son agression de l'Egypte en 1799. Mais Bonaparte a failli devant les murs de 'Akka en Palestine (St Jean d'Acre). Son échec met fin au projet. Deux personnes poursuivent le projet de Bonaparte un demi-siècle plus tard. A Paris, Jean Dunan crée l'« Association pour la colonisation de la Palestine ». Ernest Laharan en 1860 appelle à la création d'un Etat juif en Palestine. (Laharan appartient au Secrétariat de Napoléon III).
Mais les projets français se heurtent à l'avancée britannique dans ce domaine.
6-En 1878, l'Angleterre occupe Chypre. Les juifs pensent s'y installer.
Davies Tritsh se rend à Chypre pour étudier la question. Il crée à Berlin la « Commission pour la colonisation de Chypre ».
7-En 1890, D. Lufanthal établit un projet détaillé pour l'émigration d'un demi-million de juifs russes, en Argentine. La colonie Mawzavil est créée dans la région agricole de Santa-Fé. En 1914, d'autres colonies s'installent en Argentine, occupées pour la plupart par des juifs d'Europe de l'est. Il faut rappeler que Herzl a choisi dans son livre (L'État des Juifs), l'Argentine comme probable lieu pour un Etat juif.

8-En 1891 Max Budanhaimer appelle les juifs riches pour la création d'une Société de colonisation dans le but d'installer des juifs d'Europe de l'est dans la Bekaa libanaise, le long du chemin de fer Beyrouth-Damas.
9-En 1882, l'« Association juive canadienne » crée la colonie Hirsh dans la région Sasakatchouan, ainsi que d'autres colonies dans le Manitoya. Mais en 1890, le gouvernement canadien refuse de vendre des terres à l'Association qui veut implanter d'autres colonies.
10-En 1893, Henri De Avighdor tente d'acheter des terres dans le Houran de Syrie.
11-La même année, le même Henri De Avighdor demande aux Ottomans, au nom de l'«Association des Amis de Sion», l'autorisation de s'implanter à l'est du Jourdain, après le refus des Autorités ottomanes d'accorder leur installation en Palestine.
En même temps, Buhalandof, sioniste allemand, établit un plan, pour regrouper un grand nombre de juifs, à l'est du Jourdain, afin d'attaquer les habitants de la région, et les pousser à partir.
12-En 1902, projet d'Al-Arish au Sinaï (Egypte).
13-En 1903, projet d'installation au Congo, alors sous domination belge.
14-En 1903 et 1904, projet de Theodor Herzl pour une installation des juifs au sud de l'Iraq. Refus du Sultan ottoman.
15-En 1903, les Britanniques proposent aux juifs de s'installer en Ouganda.
16-Herzl contacte les Portugais, par l'intermédiaire des Autrichiens, pour un projet au Mozambique.
17-En 1904, projet de Herzl avec l'Italie pour une installation des juifs à Tripoli en Libye. En 1908, mission sioniste en Libye.
18-En 1904, l'« Association juive pour la colonisation » achète, dans la région du Rio Grande Sul (Brésil) des terres pour y installer une colonie de 93.000 Ha.
19-La même Association achète des terres, aux USA, dans les Etats de New-York et de Pennsylvanie. Parmi les projets juifs aux USA, le plus important est l'expérience de Mordekay Noah, appelé Jabal Ararat, pour y implanter des juifs à Grand Iland. L'appel de Noah n'a aucun écho chez les juifs.
20-En 1905, Davis Triytsh demande au Sultan ottoman une implantation de juifs sur le littoral d'Adana, limitrophe à la côte syrienne.

21-Après le refus du projet d'Adana, Davis Triytsh pense à un projet à Rhodes, dont les juifs constituent le sixième de la population (5.000 juifs sur 30.000 habitants).

22-En 1912, Israel Zanghwil propose au Portugal d'installer des Juifs de Russie et de l'Europe de l'est en Angola.

23-Un médecin juif russe, Ratstein, demande le 2 septembre 1917, aux Affaires étrangères françaises, l'installation d'un Etat juif au nord de la région du Golfe arabo-persique (Bahraïn et Al-Ihsa'). La création de cet Etat commencerait par la constitution d'une armée juive de 30.000 hommes de l'Europe de l'est, basée à Bahraïn.

24-En 1933, projet d'installation d'une colonie autonome de juifs au nord-ouest de l'Australie.

25-En 1938, projet d'installation d'une colonie juive de cent mille personnes en République Dominicaine.

<u>Source</u> : « Al-Mancha' al Urubbi lis-sahyuniyya wa marahil tahwidiha » (L'origine européenne du sionisme et les étapes de sa judaïsation), Umar Kylani, Al-Hayat (quotidien arabe édité à Londres) du 25/12/2003.

§§§

Annexe_3 : Déconstruire les murs de Jéricho

§§§

Interwiev de Ze'ev Herzog[133] au journal israélien Ha'aretz (29 oct. 1999).
[Titre original : Deconstructing the Walls of Jericho].
(Traduction française de Google)

§§§

Après 70 années de fouilles intensives en Terre d'Israël, les archéologues ont découvert: Les actes des patriarches sont légendaires, les Israélites n'ont pas séjourné en Egypte ou ont fait un exode, ils n'ont pas conquis la terre. Il n'y a pas non plus de mention de l'empire de David et de Salomon, ni de la source de la croyance dans le Dieu d'Israël. Ces faits sont connus depuis des années, mais Israël est un peuple têtu et personne ne veut en entendre parler.

Ze'ev Herzog

§§§

C'est ce que les archéologues ont appris de leurs fouilles en Terre d'Israël: les Israélites n'étaient jamais en Egypte, ne se promenaient pas dans le désert, ne conquéraient pas la terre dans une campagne militaire et ne la transmettaient pas aux 12 tribus d'Israël.

Peut-être encore plus difficile à avaler est le fait que la monarchie unifiée de David et de Salomon, qui est décrite par la Bible comme une puissance régionale, était tout au plus un petit royaume tribal. Et il arrivera comme un choc désagréable pour beaucoup que le Dieu d'Israël, Jéhovah, ait eu une consort féminine et que la première religion israélite n'adopta le monothéisme qu'à la période de déclin de la monarchie et non au Mont Sinaï. La plupart de ceux qui sont engagés dans le travail scientifique dans les sphères imbri-

---

133 - Zeev Herzog était professeur d'archéologie à l'Université de Tel-Aviv. Il est né en Israël en 1941.

quées de la Bible, et qui sont allés sur le terrain à la recherche de preuves pour corroborer l'histoire biblique, conviennent maintenant que les événements historiques relatifs aux étapes du peuple juif est radicalement différente de ce que raconte cette histoire.

Ce qui suit est un bref compte rendu de la brève histoire de l'archéologie, mettant l'accent sur les crises et le big bang, pour ainsi dire, de la dernière décennie. La question critique de cette révolution archéologique n'a pas encore coulé dans la conscience publique, mais elle ne peut être ignorée.

Inventer les histoires bibliques

L'archéologie de la Palestine s'est développée comme une science à une date relativement tardive, à la fin du 19ème et au début du 20ème siècle, en tandem avec l'archéologie des cultures impériales d'Egypte, de Mésopotamie, de Grèce et de Rome. Ces pouvoirs gourmands en ressources ont été la première cible des chercheurs, qui cherchaient des preuves impressionnantes du passé, habituellement au service des grands musées de Londres, Paris et Berlin. Cette étape a effectivement passé au-dessus de la Palestine, avec sa diversité géographique fragmentée. Les conditions dans l'ancienne Palestine étaient inhospitalières pour le développement d'un royaume étendu, et certainement aucun projet de vitrine tel que les sanctuaires égyptiens ou les palais mésopotamiens n'aurait pu être établi là. En fait, l'archéologie de la Palestine n'a pas été engendrée à l'initiative des musées mais est née de motifs religieux.

La poussée principale derrière la recherche archéologique en Palestine était la relation du pays avec les Saintes Écritures. Les premiers fouilleurs à Jéricho et à Shechem (Naplouse) étaient des chercheurs bibliques qui cherchaient les vestiges des villes citées dans la Bible. L'archéologie prend de l'ampleur avec l'activité de William Foxwell Albright, qui maîtrise l'archéologie, l'histoire et la linguistique de la Terre d'Israël et du Proche-Orient ancien. Albright, un Américain dont le père était un prêtre d'origine chilienne, a commencé à fouiller en Palestine dans les années 1920. Son approche déclarée était que l'archéologie était le principal moyen scientifique de réfuter les revendications critiques contre la véracité historique des récits bibliques, en particulier ceux de l'école de Wellhausen en Allemagne.

L'école de la critique biblique qui se développa en Allemagne à partir de la seconde moitié du XIXe siècle, dont Julian Wellhausen était une personnalité éminente, contesta l'historicité des récits bibliques et affirma que l'historiographie biblique était formulée et en grande partie «inventée», pendant l'exil babylonien. Les érudits bibliques, les Allemands en particulier, ont affirmé que l'histoire des Hébreux, en tant que série consécutive d'événements commençant avec Abraham, Isaac et Jacob, et passant par le passage en Egypte, l'asservissement et l'exode, et se terminant par la conquête de la terre et l'établissement des tribus d'Israël, n'était rien de plus qu'une reconstruction plus tard des événements avec un but théologique.

Albright croyait que la Bible est un document historique qui, bien qu'il ait traversé plusieurs étapes d'édition, reflétait néanmoins fondamentalement la réalité ancienne. Il était convaincu que si les restes antiques de la Palestine étaient découverts, ils fourniraient la preuve sans équivoque de la vérité historique des événements relatifs au peuple juif dans sa terre.

L'archéologie biblique qui s'est développée à partir d'Albright et de ses élèves a provoqué une série de fouilles importantes aux grands récits bibliques : Megiddo, Lakish, Gezer, Shechem (Naplouse), Jéricho, Jérusalem, Aï, Giveon, Beit She'an, Beit Shemesh, Hazor, Ta'anach et d'autres. Le chemin était droit et clair: chaque découverte contribuerait à la construction d'une image harmonieuse du passé. Les archéologues, qui ont adopté avec enthousiasme l'approche biblique, se sont mis à la recherche de la «période biblique»: la période des patriarches, les villes cananéennes qui ont été détruites par les Israélites lors de la conquête de la terre, les limites des 12 tribus, les sites de la période de peuplement, caractérisés par la « poterie de règlement », les «portes de Salomon» à Hazor, Megiddo et Gezer, les « écuries de Salomon » (ou Ahab), les « mines du roi Salomon » à Timna - et il y en a qui sont toujours au travail et ont trouvé le mont Sinaï (au mont Karkoum dans le Néguev) ou l'autel de Josué au mont Ebal.

La crise

Lentement, des fissures ont commencé à apparaître sur l'image. Paradoxalement, une situation s'est créée dans laquelle la surabondance des découvertes a commencé à saper la crédibilité historique des descriptions bibliques au lieu de les renforcer. Une étape de crise est atteinte lorsque les théories dans le cadre de la thèse générale sont incapables de résoudre un nombre de plus en plus important d'anomalies. Les explications deviennent lourdes et inélégantes, et les pièces ne se verrouillent pas facilement. Voici quelques exemples de la façon dont l'image harmonieuse s'est effondrée.

Âge patriarcal: Les chercheurs ont trouvé difficile de s'entendre sur la période archéologique correspondant à l'âge patriarcal. Quand Abraham, Isaac et Jacob ont-ils vécu? Quand la caverne de Machpelah (tombeau des patriarches d'Hébron) a-t-elle été achetée pour servir de sépulture aux patriarches et aux matriarches? Selon la chronologie biblique, Salomon a construit le Temple 480 ans après l'exode d'Egypte (Rois 6: 1). A cela, nous devons ajouter 430 ans de séjour en Égypte (Exode 12:40) et les vastes vies des patriarches, produisant une date au 21ème siècle avant notre ère pour le déplacement d'Abraham à Canaan.

Cependant, aucune preuve n'a été trouvée qui pourrait soutenir cette chronologie. Albright a plaidé au début des années 1960 en faveur de l'assignation des errances d'Abraham à l'Âge du Bronze Moyen (22ème-20ème siècles Av.JC) Cependant, Benjamin Mazar, le père de la branche israélienne de l'archéologie biblique, a proposé d'identifier le contexte historique de l'ère patriarcale, un millier d'années plus tard, au 11ème siècle avant notre ère - ce qui le placerait dans la «période de peuplement». D'autres rejetaient l'historicité des histoires et les considéraient comme des légendes ancestrales racontées à l'époque du Royaume de Judée. Quoi qu'il en soit, le consensus a commencé à s'effondrer.

L'exode d'Egypte, les errances dans le désert et le Mont Sinaï: Les nombreux documents égyptiens que nous avons ne font aucune mention de la présence des Israélites en Egypte et sont également silencieux sur les événements de l'exode. De nombreux documents mentionnent la coutume des bergers nomades d'entrer en Egypte pendant les périodes de sécheresse et de famine et de camper aux abords du delta du Nil. Cependant, ce n'était pas un phénomène solitaire: de tels événements se produisaient fréquemment au cours de milliers d'années et n'étaient guère exceptionnels.

Des générations de chercheurs ont tenté de localiser le mont Sinaï et les stations des tribus dans le désert. En dépit de ces efforts intensifs, pas même un site n'a été trouvé qui peut correspondre au compte biblique.

La puissance de la tradition a maintenant conduit certains chercheurs à «découvrir» le mont Sinaï dans le nord du Hedjaz ou, comme déjà mentionné, au mont Karkoum dans le Néguev. Ces événements centraux dans l'histoire des Israélites ne sont pas corroborés dans des documents extérieurs à la Bible ou dans des découvertes archéologiques. La plupart des historiens s'accordent à dire qu'au mieux, le séjour en Égypte et l'exode se sont produits dans quelques familles et que leur histoire privée a été élargie et « nationalisée » pour répondre aux besoins de l'idéologie théologique.

La conquête: L'un des événements marquants du peuple d'Israël dans l'historiographie biblique est l'histoire de la façon dont la terre a été conquise sur les Cananéens. Pourtant, des difficultés extrêmement sérieuses ont surgi précisément dans les tentatives de localiser les preuves archéologiques pour cette histoire.

Des fouilles répétées par diverses expéditions à Jéricho et Ai, les deux villes dont la conquête est décrite dans les moindres détails dans le livre de Josué, ont été très décevantes. Malgré les efforts des pilleurs, il est apparu que dans la fin du 13ème siècle avant notre ère, à la fin de l'âge du bronze final, qui est la période convenue pour la conquête, il n'y avait pas de villes dans les deux cas, et bien sûr pas de murs. Naturellement, des explications ont été proposées pour ces anomalies. Certains ont prétendu que les murs autour de Jéricho ont été emportés par la pluie, tandis que d'autres ont suggéré que les murs antérieurs avaient été utilisés, et, comme pour Ai, il a été affirmé que l'histoire originale se référait en fait à la conquête de Beit El à proximité et a été transférée à Ai par des rédacteurs plus tard.

Les savants bibliques ont suggéré, il y a un quart de siècle que les récits de conquête soient considérés comme des légendes étiologiques et pas plus. Mais de plus en plus de sites ont été découverts et il est apparu que les lieux en question étaient éteints ou simplement abandonnés à des moments différents, la conclusion a été renforcée qu'il n'y avait aucune base factuelle pour l'histoire biblique de la conquête par les tribus israélites dans une campagne militaire dirigée par Joshua.

<u>Les villes cananéennes</u>: La Bible magnifie la force et les fortifications des villes cananéennes qui ont été conquises par les Israélites: « de grandes villes avec des murs élevés » (Deutéronome 9: 1). Dans la pratique, tous les sites qui ont été découverts sont restés des vestiges d'établissements non fortifiés, qui dans la plupart des cas, se composaient de quelques structures, ou du palais du souverain plutôt que d'une véritable ville. La culture urbaine de la Palestine à la fin de l'âge du bronze s'est désintégrée dans un processus qui a duré des centaines d'années et qui ne provenait pas de la conquête militaire. De plus, la description biblique est incompatible avec la réalité géopolitique en Palestine. La Palestine était sous la domination égyptienne jusqu'au milieu du 12ème siècle (av.J.C.). Les centres administratifs égyptiens étaient situés à Gaza, Yaffo et Beit She'an. Des découvertes égyptiennes ont également été découvertes dans de nombreux endroits des deux côtés du Jourdain. Cette présence frappante n'est pas mentionnée dans le récit biblique, et il est clair qu'elle était inconnue de l'auteur et de ses éditeurs.

Les découvertes archéologiques sont en contradiction flagrante avec l'image biblique: les villes cananéennes n'étaient pas « grandes », n'étaient pas fortifiées et n'avaient pas de «murs hauts». L'héroïsme des conquérants et l'assistance du Dieu qui a combattu pour son peuple sont une reconstruction théologique dépourvue de tout fondement factuel.

Origine des Israélites: La fusion des conclusions tirées des épisodes relatifs aux étapes de l'émergence du peuple israélien a donné lieu à une discussion de la question fondamentale: l'identité des Israélites. S'il n'y a aucune preuve de l'exode de l'Egypte et du voyage dans le désert, et si l'histoire de la conquête militaire des villes fortifiées a été réfutée par l'archéologie, qui étaient donc ces Israélites? Les découvertes archéologiques ont corroboré un fait important: au début de l'âge du fer (commençant quelque temps après 1200 avant notre ère), le stade qui est identifié avec la «période de peuplement», des centaines de petites colonies ont été établies dans la région de colline centrale habitée par des fermiers qui travaillaient la terre ou élevaient des moutons. S'ils ne venaient pas d'Egypte, quelle est l'origine de ces colons? Israel Finkelstein, professeur d'archéologie à l'université de Tel Aviv, a proposé que ces colons soient les bergers pastoraux qui ont erré dans cette zone de colline tout au long de l'âge du bronze (des tombes de ces personnes ont été trouvées, sans colonies). Selon sa reconstruction, à la fin de l'âge du bronze (qui a précédé l'âge du fer), les bergers ont maintenu une économie de viande de troc en échange de céréales avec les habitants des vallées. Avec la désintégration du système urbain et agricole dans les plaines, les nomades ont été forcés de produire leurs propres céréales, d'où l'incitation à établir des colonies fixes.

Le nom « Israël » est mentionné dans un seul document égyptien de la période de Merneptah, roi d'Egypte, datant de 1208 avant notre ère: «Pillé est Canaan avec tous les maux, Ascalon est pris, Gezer est saisi, Yenoam est devenu comme jamais était, Israël est désolé, sa graine n'est pas ». Merneptah se réfère au pays par son nom cananéen et mentionne plusieurs villes du royaume, ainsi qu'un groupe ethnique non urbain. Selon cette preuve, le terme «Israël» a été donné à l'un des groupes de population résidant à Canaan vers la fin de l'âge du bronze tardif, apparemment dans la région centrale des collines, dans la région où le royaume d'Israël allait s'établir.

Un royaume sans nom

La monarchie unifiée : L'archéologie a également été la source qui a provoqué le changement concernant la reconstruction de la réalité dans la période connue sous le nom de «monarchie unifiée» de David et Salomon. La Bible décrit cette période comme le zénith du pouvoir politique, militaire et économique du peuple d'Israël dans les temps anciens. À la suite des conquêtes de David, l'empire de David et Salomon s'étendait de la rivière Euphrate à Gaza («Car il contrôlait toute la région à l'ouest de l'Euphrate, de Tiphsah à Gaza, tous les rois à l'ouest de l'Euphrate». Les découvertes archéologiques sur de nombreux sites montrent que les projets de construction attribués à cette période étaient de portée et de puissance limitées.

Les trois villes de Hazor, Megiddo et Gezer, qui sont mentionnées parmi les entreprises de construction de Salomon, ont été fouillées intensivement aux couches appropriées. Seulement environ la moitié de la section supérieure de Hazor a été fortifiée, couvrant une superficie de seulement 30 dunams (7,5 acres), sur une superficie totale de 700 dunams qui a été colonisée à l'âge du bronze. A Gezer, il n'y avait apparemment qu'une citadelle entourée d'un mur de casemates couvrant une petite zone, tandis que Megiddo n'était pas fortifiée avec un mur.

L'image devient encore plus compliquée à la lumière des fouilles menées à Jérusalem, la capitale de la monarchie unifiée. De grandes parties de la ville ont été fouillées au cours des 150 dernières années. Les fouilles ont mis en évidence des vestiges impressionnants des villes de l'âge du bronze moyen et de l'âge du fer II (la période du Royaume de Judée). Aucun reste de bâtiments n'a été trouvé à partir de la période de la monarchie unifiée (même selon la chronologie convenue), seulement quelques fragments de poterie. Étant donné la préservation des vestiges des périodes antérieures et ultérieures, il est clair que Jérusalem au temps de David et Salomon était une petite ville, peut-être avec une petite citadelle pour le roi, mais, en tout cas, ce n'était pas la capitale d'un empire comme décrit dans la Bible. Cette petite chefferie est la source du titre "Beth David" mentionné plus tard dans les inscriptions araméennes et moabites. Les auteurs du récit biblique connaissaient Jérusalem au 8ème siècle avant notre ère, avec son mur et la riche culture dont on a retrouvé les restes dans diverses parties de la ville, et ont projeté ce tableau à l'époque de la monarchie unifiée. On peut supposer que Jérusalem a acquis son statut central après la destruction de Samarie, sa rivale du nord, en 722 av.J.C.

Les découvertes archéologiques s'accordent bien avec les conclusions de l'école critique de l'érudition biblique. David et Salomon étaient les dirigeants des royaumes tribaux qui contrôlaient de petites régions: la première à Hébron et la seconde à Jérusalem. Simultanément, un royaume séparé a commencé à se former dans les collines de Samarie, ce qui trouve son expression dans les histoires sur le royaume de Saul. Israël et la Judée étaient d'emblée deux royaumes distincts et indépendants, et étaient parfois dans une relation conflictuelle. Ainsi, la grande monarchie unifiée est une création historiosophique imaginaire, qui a été composée au plus tôt pendant la période du Royaume de Judée. Peut-être la preuve la plus décisive de ceci est le fait que nous ne connaissons pas le nom de ce royaume.

<u>Jéhovah et son épouse</u>: Combien de dieux exactement Israël a-t-il ? Avec les aspects historiques et politiques, il y a aussi des doutes quant à la crédibilité de l'information sur la croyance et le culte. La question de la date à laquelle le monothéisme a été adopté par les royaumes d'Israël et de Judée a été soulevée par la découverte d'inscriptions en hébreu ancien, mentionnant une paire de dieux : Jéhovah et son Asherah. Sur deux sites, Kuntiliet Ajrud dans la partie sud-ouest de la région du Néguev, et à Khirbet el-Kom dans le piémont de Judée, des inscriptions hébraïques mentionnent «Jéhovah et son asherah», « Jéhovah Shomron et son asherah », « Jéhovah Teman et son Asherah ». Les auteurs connaissaient un couple de dieux, Jéhovah et son épouse Asherah, et ils envoyèrent des bénédictions au nom du couple, ces inscriptions, à partir du 8ème siècle avant notre ère, évoquent la possibilité que le monothéisme, en tant que religion d'Etat, est en fait une innovation de la période du Royaume de Judée, suite à la destruction du Royaume d'Israël.

L'archéologie de la Terre d'Israël achève un processus qui équivaut à une révolution scientifique dans son domaine.
Il est prêt à affronter les découvertes de l'érudition biblique et de l'histoire ancienne. Mais en même temps, nous assistons à un phénomène fascinant dans lequel tout cela est simplement ignoré par le public israélien. Beaucoup des résultats mentionnés ici sont connus depuis des décennies. La littérature professionnelle dans les domaines de l'archéologie, de la Bible et de l'histoire du peuple juif les a abordés dans des dizaines de livres et des centaines d'articles. Même si tous les chercheurs n'acceptent pas les arguments individuels qui éclairent les exemples que j'ai cités, la majorité a adopté leurs principaux points.

Néanmoins, ces vues révolutionnaires ne pénètrent pas la conscience publique. Il y a environ un an, mon collègue, l'historien Prof. Nadav Ne'eman, a publié un article dans la section Culture et littérature de Ha'aretz intitulé «Retirer la Bible de la bibliothèque juive», mais il n'y a pas eu de tollé général. Toute tentative visant à remettre en question la fiabilité des descriptions bibliques est perçue comme une tentative de saper «notre droit historique à la terre» et de briser le mythe de la nation qui renouvelle l'ancien royaume d'Israël. Ces éléments symboliques constituent une composante si critique de la construction de l'identité israélienne que toute tentative de mise en cause de leur véracité se heurte à l'hostilité ou au silence. Il est intéressant que de telles tendances au sein de la société laïque israélienne aillent de pair avec les perspectives des groupes chrétiens éduqués. J'ai trouvé une hostilité similaire en réaction aux conférences que j'ai données à l'étranger à des groupes d'amoureux de la Bible chrétienne, bien que ce qui les dérangeait était le défi aux fondements de leur croyance religieuse fondamentaliste.

Il se trouve qu'une partie de la société israélienne est prête à reconnaître l'injustice qui a été faite aux habitants arabes du pays et est prête à accepter le principe de l'égalité des droits pour les femmes - mais n'est pas prête à adopter les faits archéologiques qui brisent le mythe biblique. Le coup porté aux fondements mythiques de l'identité israélienne est apparemment trop menaçant, et il est plus commode de fermer les yeux.
© copyright 1999 Ha'aretz. Tous les droits sont réservés.

Annexe_4 : Quelques données sur la population de la Palestine

+Les musulmans d'Al-Quds (Jérusalem) sont au nombre de 10.000 en 1481, mais la peste en décime la moitié dans les années qui suivent.

+On estime qu'il y a eu, aux 15ème et 16ème siècles à Al-Quds (Jérusalem), entre 250 et 1500 juifs. Ce dernier chiffre est dû à l'expulsion des juifs d'Espagne, après la chute de Grenade en 1492, mais une partie des juifs expulsée se rend à Salonique en Grèce (alors ottomane).
Leurs descendants habitent toujours Salonique.

+Dans la première partie du dix-septième siècle, il y a 2.000 juifs à Al-Quds et en 1730, ils ne sont plus qu'un millier environ. Mais en dehors d'Al-Quds, il y a des communautés juives, dont les plus importantes se situent à Safad et à Tibériade.

+En 1856, Al-Quds compte 5.000 juifs[134].

+En 1895, le nombre d'habitants de la Palestine est estimé à 500.000 environ[135].

+L'importance de la population juive, en Palestine ne devient significative qu'à la fin du 19ème S., après l'installation de colonies juives dans ce pays.

---

134 - J.M.N. Jeffries : The reality (préface de l'auteur signée fin 1938) traduit à l'arabe sous le titre : Filastin ilaykom al haqiqa, par Ahmad Khalil Al-Hadj, Le Caire (Al hay'a al misriya al 'amma li-ta'lif wal-nachr), tome 1 (1971, 313 p.), tome 2 (1972, 257 p.), tome 3 (1973, 187 p.), tome 4 (1973, 205 p.), tome 1, p. 74-75. Jeffries est un journaliste anglais.
135 - Al Mawjaz fi ta'rikh ad-duwwal al-islamiyya wa 'uhuduha fi biladina filastin, (Histoire des États islamiques et leurs relations avec la Palestine), par Mustafa Murad ad-Dabbagh, Beyrouth, 2 tomes (1981, 223 p.) et (1982, 175 p.), second tome, p. 64.

Le nombre de juifs passe de 20.000 dans les années 1880, à 80.000 à la veille de la guerre 1914-1918.
Et dans la campagne palestinienne, il y a 47 colonies juives qui regroupent 11.990 juifs[136].

+A la veille de la guerre 1914-1918, il y a, selon le recensement ottoman de 1910, sans compter les campements de bédouins, 1.009 villages en Palestine. Plus de 80% de ces villages sont situés dans l'ouest du pays (autour d'Al-Quds, Naplouse et 'Akka)[137].

§§§

+Aujourd'hui, on estime à 11 millions le nombre de Palestiniens, dont 5,3 millions portent le statut de réfugiés et vivent hors de Palestine.

+Les Palestiniens qui vivent en Palestine se répartissent comme suit :

1,8 million sont de «nationalité israélienne» ;
4 millions vivent dans ce qu'on appelle les «Territoires Occupés» : Gaza, Cisjordanie et Al-Quds (Jérusalem).

+Quant à la population d'Israël, elle s'élève à plus de 8,3 millions (juifs 75%, palestiniens 20%, autres 5%).

§§§

---

136 - Jeffries, o.c. tome 1, p. 76 et 164.
137 - Des 1009 villages recensés, 61 disparaissent sous l'occupation anglaise de la Palestine entre 1918 et 1948, sans compter la dispersion des bédouins. Voir : Al Mawjaz, o.c. second tome, p. 96 ; 136-154 et 171-172.
Les données du sandjaq (division administrative) d'Al-Quds proviennent de : Géographie de Palestine, Toutah et Khouri, Al-Quds, 1923 (en arabe) cité dans l'ouvrage ci-dessus.

Bibliographie

Antiquité

+ Aux origines de la Syrie : Ebla retrouvée, par Paolo Matthiae (traduction de Françoise Liffran), Gallimard (imprimé en Italie), 1996, 160 pages.

+ Hérodote et Thucydide, Œuvres complètes, Paris, Gallimard (La Pléiade), 1964, 1904 p.

+ René Dussaud, Les découvertes de Ras-Shamra, 1941, 215 pages.

+ D. Harden, The Phoenicians, Londres, 1962.

+ La Palestine, histoire d'une terre, Paris, 1990, 222 p., Collectif : Andrea Giardina, Mario Liverani, Biancamaria Scarcia Amoretti.

+ Jean Bottero, L'Orient ancien et nous, Paris, 1996, 226 pages.

+ Min alwah Sumer ila at-Tawrat (Des tablettes de Sumer à la Torah), Fadel Abd-al-Wahab 'Ali, Bagdad, 1990.

+ Alfred GUILLAUME, Prophétie et Divination, Paris, 1941, 503 pages.

+ Histoire ancienne d'Israël (La période des Juges), Roland de VAUX, Paris, 1973, 159 pages.

+ Histoire ancienne d'Israël, Roland de VAUX, Ed. Gabalda, Paris, 1986, 675 pages.

+ Albert de Pury, Promesse divine et légende cultuelle dans le cycle de Jacob, Genèse 28 et les traditions patriarcales, Paris, J. Gabalda, 1975, 2 vol., 721 p.

+ John Van Seters, Abraham in history and tradition, New Haven, London, Yale University press, 1975, 335 pages.

+ Martin Noth, Histoire d'Israël, Ed. Française revue par l'auteur (original allemand), Paris (Payot), 1954, 472 p.

+ La Bible dévoilée. Les nouvelles révélations de l'archéologie, par Israël Finkelstein (professeur à l'Université de Tel-Aviv) et Neil Asher Silberman.
Traduit de l'anglais par Patrice Ghirardi, Bayard Ed., 2002, 432p.

Sionismes : chrétien, juif

+ «Le sionisme non juif : ses racines dans l'histoire de l'Occident», Al-Yom Assabeh, hebdomadaire arabe, édité à Paris, 20 janvier 1986. C'est un compte-rendu du livre de l'allemande Regina Acharif, traduit de l'allemand à l'arabe par Abdallah Abdalaziz et édité au Koweït.

+«Al-Mancha' al Urubbi lis-sahyuniyya wa marahil tahwidiha» (L'origine européenne du sionisme et les étapes de sa judaïsation), Umar Kylani, Al-Hayat (quotidien arabe édité à Londres), 25/12/2003.

+ «Observation sur les prophéties de Daniel et les rêves de Saint Jean», in «Le sionisme non juif : ses racines dans l'histoire de l'Occident», o.c.

+ Al-Quds al-'araby, quotidien arabe édité à Londres, 6 et 7 juin 1998 (citant des sources sionistes).

+ Ha'aretz, quotidien israélien du 29 octobre 1999.

+ Al-Quds al-'araby, quotidien arabe édité à Londres, 12 septembre 2000.

+ El-País, quotidien espagnol, 4 avril 2000.

+ « Le Monde » (journal parisien), 7 juin 2002.

Intellectuels et écrivains occidentaux (à partir du 17ème S.)

+ Essai sur la régénération physique morale et politique des juifs, Paris, 1977, 378 pages.
Essai publié en 1789 par l'abbé Grégoire (1750-1831) curé du diocèse de Metz.

+ John Milton : **a**- Paradis perdu, première édition 1667, éd. Bilingue, 2 tomes, Paris, 1971, 293 pages et 318 pages. **b**- Paradis reconquis (Paradise regained), Paris 1955, 270 pages (première édition 1671).

+ J. Lichtenstein, Racine, poète biblique, Paris, 1934, 250 p.

+ J.J. Rousseau, Émile ou de l'éducation, édition, introduction et notes par François et Pierre Richard, Paris, livre IV, 1939 (première édition 1762).

+ Lessing (Karl Gotthelf Ephraïm), «Nathan le Sage», pièce de théâtre, édition bilingue, trad. de « Nathan der Weise », Paris, 1939, 307 pages, introduction du traducteur Robert Pitrou.

+ Fichte (Johann-Gottlieb), par Didier JULIA, 1964, Paris, 107 pages.

+ William Blake, Œuvres, 4 tomes, édition bilingue, présentation et traduction par Pierre Leyris (le tome 4, par Jacques Blondel), 1974 (313p.), 1977 (349 p.), 1980 (427 p.), 1983 (604 p.).

+ Lord Byron : «Caïn», mystère en 3 actes, in Œuvres complètes, trad. par M. Benjamin Laroche, 3ème éd.,

Paris, 1838, 799 pages.
« Le ciel et la terre ».
« Mélodies Hébreues ».

Economie de la Palestine avant son occupation par les juifs

+ « Exportations agricoles de la Palestine méridionale: 1885-1914 », Revue d'Ét. Palestiniennes, Paris, n°20, été 1986, p.49-69.

+ Ahsan at-taqaçim fi ma'rifati al-aqalim (Les meilleures différences dans la connaissance des régions), Chamch-ad-Din Al-Muqaddaçi, Leiden, 1877, 498 p.

+ « Les activités économiques en Palestine dans la septième décade du dix-septième siècle d'après les Mémoires du chevalier d'Arvieux » par Leïla SABBAGH, professeur à la faculté de Lettres, département Histoire, (Damas), Rev. d'Histoire Maghrébine, 1983, Tunis, num. 29-30.

+ Marwan and Leïla Buheiry, The Splendour of the Holy Land, New-York, Caravan Books, 1978.

+ Vital Cuinet, Syrie, Liban et Palestine, Paris, E. Leroux, 1896.

+ Noël Verney et Georges Dambmann, Les puissances étrangères dans le Levant et en Palestine, Paris, Guillaumin, 1900.

+ Hanna Salah, Filastin wa tajdid hayatiha (Le renouveau de la Palestine), New-York, The Palestine anti-Zionism Society, 1919.

+ Nabil Badran , « Al-Rif al Filastini qabla al Harb al-'Alamiya al-awla » (La campagne palestinienne avant la guerre 1914-1918), Shu'un Filastiniya, mars 1972.

+ Alexander Schölch, Palästina im Umbruch, 1856-1882, Stutgart, 1986.
En français, il existe une note de lecture de l'ouvrage de Schölch :
«Le développement économique de la Palestine, 1856-1882», in Rev. d'Etudes Palestiniennes, Paris, n°10, hiver 1984, p. 93-113.
L'ouvrage d'Alexander Schölch est traduit en anglais sous le titre : Palestine in transformation 1856-1882, traduit de l'allemand par William C. Young et Michael C. Gerrity, Institut for Palestine Studies, Washington, D.C., 1993, 351 pages.

+L'identité palestinienne, la construction d'une conscience nationale moderne, Rashid Khalidi, La Fabrique éditions, Paris, (traduit de l'anglais par Joëlle Marelli), 402 p.

+ Haïm Gerber étudie les Archives ottomanes locales devenues Archives de l'Etat sioniste, Note de Lecture de James A. Reilly de George Town University : Ottoman Rule in Jerusalem, 1890-1914, Berlin, 1985, 261 pages, in Revue d'Études Palestiniennes, Paris, num. 22, hiver 1987, pages 109-111.

+ Des rapports du gouvernement turc sont traduits en anglais et imprimés dans :
Foreing office Miscellaneous Series (num. 300, 1893) sous le titre : Report on Irrigation and Orange Growing at Jaffa (Rapport sur l'irrigation et la culture des oranges à Jaffa. Étude due à G. Franghia.

+ « Négociants du savon palestiniens au Caire au dix-huitième siècle », Revue d'Études Palestiniennes, Paris, num. 36, Été 1990, p. 57-66.

§§§

Palestine, en général

+ L'Affaire Israël, Roger Garaudy, Ed. Papyrus, Paris, 1983, 203 pages.

+ La Palestine, Roger Garaudy, Paris, 1986, 397 p.

+ «Deux colonialismes de peuplement», in Revue Solidarité Internationale, Bruxelles, numéro spécial : Palestine, de la colonisation à la révolte des pierres, numéro 10, mai 1988.

+ The attitude of the ottoman empire toward the zionist movement 1897-1909, Hassan Ali HALLAK, Beyrouth, 1980 (en arabe).

+ J.M.N. Jeffries : The reality (sans date, préface de l'auteur signée fin 1938) traduit à l'arabe sous le titre: Filastin ilaykom al haqiqa, par Ahmad Khalil Al-Hadj, Le Caire (Al hay'a al misriya al 'amma li-ta'lif wal-nachr), tome 1 (1971, 313 p.), tome 2 (1972, 257 p.), tome 3 (1973, 187 p.), tome 4 (1973, 205 p.).

+ Encyclopédie espagnole «Salvat», citée par Hussein TRIKI, Voici la Palestine, (traduit de l'arabe par Hachemi SEBAÏ, en collaboration avec l'auteur), Tunis, 1972, 333 pages.

+ Docteur Ahmed Daoud, « Voici comment l'histoire d'Al-Quds (Jérusalem) est falsifiée par Israël », Al-Moharer, hebdomadaire arabe publié à Paris, 18 sept. 1995.

+ Al-Mawjaz fi ta'rikh ad-duwwal al-islamiyya wa 'uhuduha fi biladina filastin, (Histoire des États islamiques et leurs relations avec la Palestine), par Mustafa Murad ad-Dabbagh, Beyrouth, 2 tomes (1981, 223 p.) et (1982, 175 pages).

+ Athar Jabal Al-Khalil (Tourisme en Palestine et dans quelques villes syriennes), tome 1, Manuscrit numéro

4919 de la bibliothèque Adh-Dhahiriyya de Damas (en arabe).

+ Linda SCHICHER, sur la population palestinienne, Note de lecture, Revue d'Etudes Palestiniennes, Paris, n° 28, été 1988, p. 192-194.

+ Encyclopédie palestinienne (en arabe), Vol. 1, études démographiques et socio-économiques.
Beyrouth, première édition, 1990.

+ Ilan Pappe, The Biggest Prison on Earth, A History of the Occupied Territories (La plus grande prison sur terre: Une histoire des territoires occupés (palestiniens), 2017, 304 p. Présentation et résumé du livre par Mohamed Thabit (en arabe), aljazeera.net (29-09-2017).

+ Ilan Pappe, Ten Myths About Israël (Dix mythes sur Israël), Verso, Londres, 2017, 212 p. Présentation et résumé du livre par Samir Nassif (en arabe), Alquds Al-Araby (quotidien édité à Londres), 07 juillet 2018.

Fin de la Bibliographie

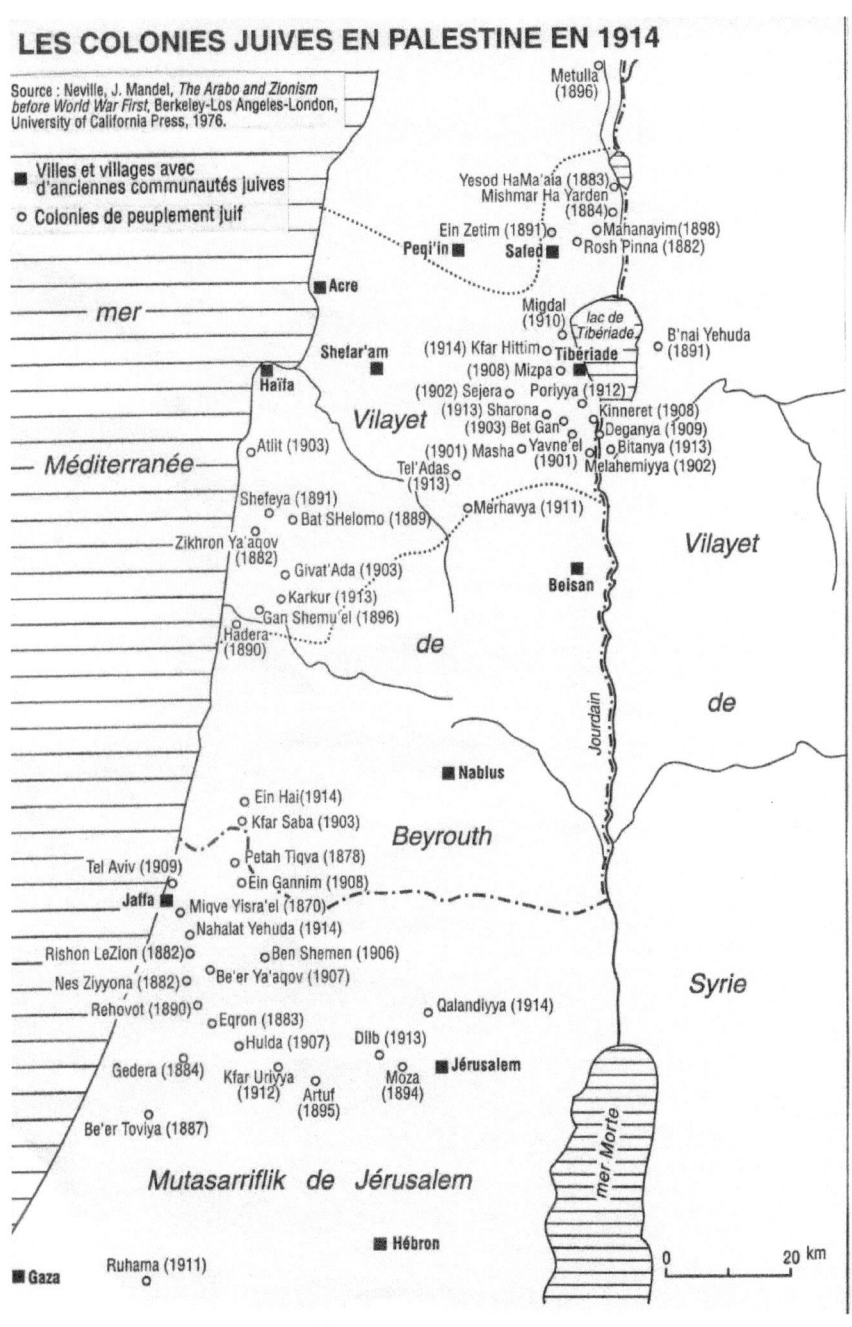

le phénix renaît de ses cendres

le phénix renaît de ses cendres

le phénix renaît de ses cendres

© 2018, Taleb, Si Ahmed
Edition : Books on Demand,
12/14 rond-Point des Champs-Elysées, 75008 Paris
Impression : BoD - Books on Demand, Norderstedt, Allemagne
ISBN : 9782322147694
Dépôt légal : septembre 2018